DER WELTRAUM

Jennifer Daniel
Simon Rogers

KNESEBECK

DER WELT RAUM

Jennifer Daniel

EINLEITUNG

Der Weltraum ist so riesig und die Entfernungen darin sind so unermesslich groß, dass wir ihn uns kaum vorstellen können. Der Planet, auf dem wir leben, ist nur ein kleiner Knubbel in einem Sonnensystem, und von diesen gibt es Milliarden im Universum.

Es gibt noch viel zu verstehen und viele Fragen sind offen. Astronomen, Physiker und andere Wissenschaftler können nur Hinweise sammeln, um die Geheimnisse des Weltraums zu erforschen.

Die Erfindung des Fernrohrs erlaubt es uns, viel weiter ins Weltall zu schauen, als es mit bloßem Auge möglich ist. Es ist bekannt, dass Galaxien aus Sternen, Planeten, Staub und Gas bestehen, die alle durch die Schwerkraft gehalten werden. Und wir wissen, dass die Planeten in unserem Sonnensystem um die Sonne kreisen.

Ohne die Sonne könnten wir nicht existieren. Soweit wir wissen, ist die Erde der einzige Planet, auf dem Leben möglich ist – allerdings haben wir außer der Erde auch erst einen anderen Planeten besucht, nämlich den Mond.

Faszinierende Technik macht es möglich, dass wir in den Weltraum vorstoßen, um ihn zu erkunden und erforschen. In informativen Bildern erklärt dieses Buch viele der Mysterien des Weltalls. Blättere weiter, um die Fakten kennenzulernen und das Universum in Lichtgeschwindigkeit zum Leben zu erwecken.

DAS UNIVERSUM

Es war einmal – nichts. Wie aber konnte das Universum entstehen? Raum, Zeit und Materie sollen gleichzeitig durch den »Urknall« entstanden sein. Millionen von Jahren später formten sich die ersten Sterne, und Milliarden Jahre danach entstanden die Galaxien und Planeten. Wissenschaftler haben berechnet, dass das Universum fast 14 Milliarden Jahre alt ist.

Im Universum gibt es Millionen von Galaxien, eine davon ist die Milchstraße. Sie setzt sich zusammen aus Hunderten von Sonnensystemen, und im Zentrum eines davon befindet sich unsere Sonne. Um die Sonne kreisen acht bekannte Planeten, wir leben auf dem Planeten Erde. Er ist nur ein winziger Fleck im Universum, über dessen Größe Forscher nur Vermutungen anstellen können.

Wenn wir das Längenmaß »Lichtjahr« zu Hilfe nehmen, wird vorstellbar, wie lange es dauern würde, den Weltraum zu durchqueren. Danach können wir erforschen, woraus das Universum besteht, was Materie ist und was die Atome, aus denen alles besteht.

In diesem Kapitel geht es darum, was das Universum ist, an welcher Stelle darin wir uns befinden und wie es entstand.

DER URKNALL

Wissenschaftler sind davon überzeugt, dass
das Universum vor rund 14 Milliarden Jahren durch
eine gigantische Explosion entstanden ist.
Davor gab es weder Zeit noch Raum oder Materie.
Hier siehst du, was wann geschah.

Vor diesem Punkt gibt es keine Zeit.

Das Universum ist kleiner als ein Stecknadelkopf.

Es ist unvorstellbar heiß, dicht und instabil.

NACH 1 SEKUNDE

ES GEHT LOS

Plötzlich bricht das
Universum auf. Die Zeit
beginnt. Das Universum
hat die Größe einer
Galaxie und wächst mit
rasender Geschwindig-
keit weiter.

IST DA WAS?

Materie entsteht – und
ihr Gegenteil: Antima-
terie. Viel Materie wird
durch die Antimaterie
vernichtet, aber etwas
davon bleibt erhalten.

POSITIVES UND NEGATIVES

Quarks sind kleiner als
Atome und haben eine
positive oder negative
elektrische Ladung. Sie
nehmen nun Form an
und bilden Protonen
und Neutronen.

GUTE KOMBINATION

Protonen und Neut-
ronen verbinden sich,
um den Atomkern zu
bilden.

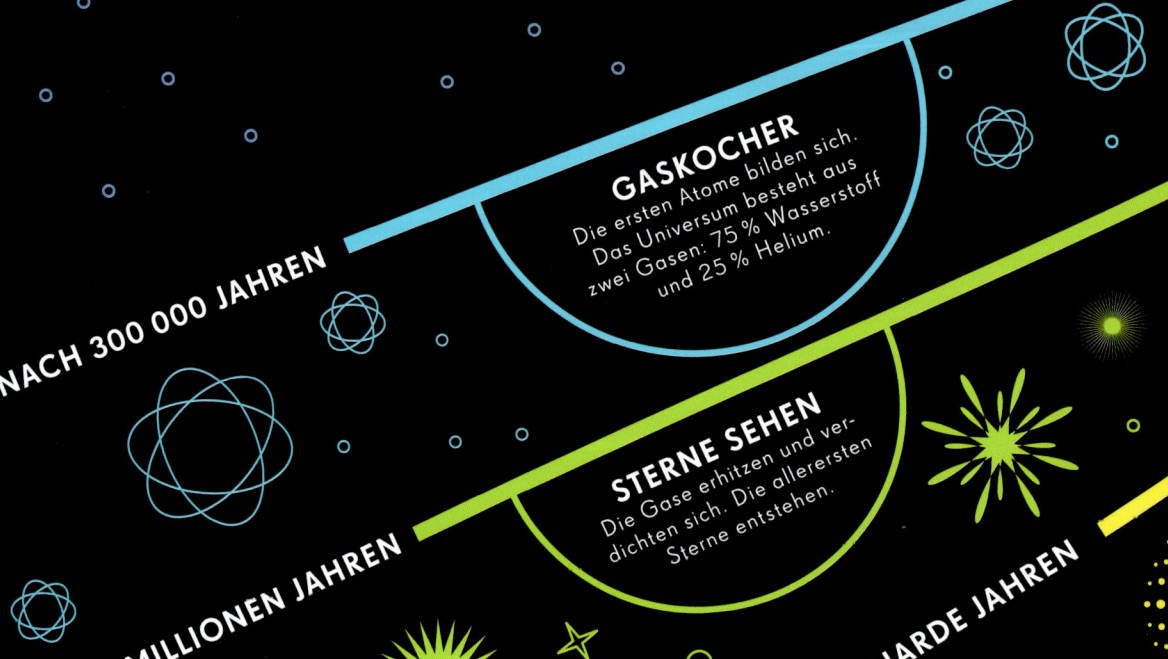

GASKOCHER

Die ersten Atome bilden sich.
Das Universum besteht aus
zwei Gasen: 75 % Wasserstoff
und 25 % Helium.

STERNE SEHEN

Die Gase erhitzen und ver-
dichten sich. Die allerersten
Sterne entstehen.

NACH 300 000 JAHREN

NACH 200 MILLIONEN JAHREN

NACH 1 MILLIARDE JAHREN

ANZIEHEND
Die Schwerkraft zieht dichte Gasmassen an, die Haufen bilden. Es entstehen Galaxien.

DUNKLE SEITE
Unterstützt durch Dunkle Energie wächst das Universum immer schneller.

IM ALL
Erde, Mond und andere Planeten bilden sich und umkreisen die Sonne.

HIER UND HEUTE
Der Forschung stehen heute präzisere Daten zur Verfügung als je zuvor. Aus ihnen ergibt sich, dass das Universum 13,8 Milliarden Jahre alt ist.

NACH 5 MILLIARDEN JAHREN

NACH 9,1 MILLIARDEN JAHREN

NACH 13,8 MILLIARDEN JAHREN

WO IM ALL HAT DIE ERDE IHREN PLATZ?

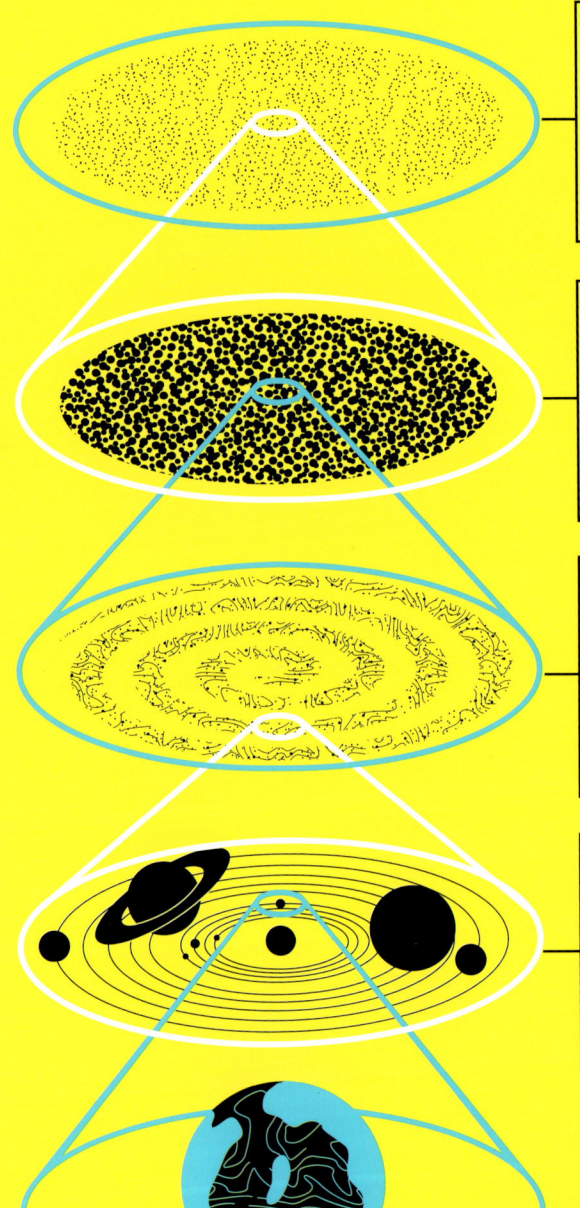

DAS UNIVERSUM
Es umfasst die Gesamtheit aller bekannten Dinge. Niemand weiß, wie groß das Universum ist, und man weiß noch nicht einmal, ob unseres das einzige ist.

GALAXIEN DER LOKALEN GRUPPE
Die sogenannte Lokale Gruppe besteht aus rund 54 Galaxien und Zwerggalaxien. Sie liegen im Umkreis von fünf Millionen Lichtjahren um unsere Galaxie, die Milchstraße.

GALAXIE MILCHSTRASSE
Unser Sonnensystem liegt in einer Galaxie namens Milchstraße. Ihr Durchmesser beträgt rund 100 000 Lichtjahre und sie enthält Milliarden Sterne, darunter auch unsere Sonne.

SONNENSYSTEM
Zum Sonnensystem gehört alles, was um die Sonne kreist, auch die Erde. Seine Grenzen sind nicht klar definiert, sie sind aber nicht weiter als 2 Lichtjahre von der Sonne entfernt.

ERDE
Die Erde ist unser Heimatplanet, und nur hier gibt es nach unserem Wissen Leben. Sie ist von der Sonne aus gesehen der dritte Planet und der mit der höchsten Dichte im Sonnensystem.

WACHSTUM
Galaxien entfernen sich voneinander, weil sich das Weltall insgesamt ausdehnt.

WIE GROSS IST DAS UNIVERSUM?

GRENZENLOS

Wissenschaftler errechnen die Anzahl der Galaxien, indem sie jene in einem bestimmten Bereich zählen ...

Niemand kennt die genaue Größe des Universums, denn es ist unvorstellbar groß. Wir wissen noch nicht einmal, ob es irgendwo endet. Bislang können die Menschen nur ungefähr 14 Milliarden Lichtjahre weit ins All schauen.

... und anhand dieser Zahl die mögliche Gesamtzahl schätzen.

1 MENSCH

= 24,5 GALAXIEN

PERSÖNLICHES WELTALL

Möglicherweise gibt es 170 Milliarden Galaxien im Weltall. Das wären 24,5 Galaxien pro Erdenbewohner.

Ein Düsenjet bräuchte mehr als 1 Million Jahre, um den Stern zu erreichen, der der Sonne am nächsten ist.

WIE MESSEN WIR DEN WELTRAUM?

Die Entfernungen im Weltall sind so groß, dass sie in Lichtjahren gemessen werden, also der Strecke, die das Licht in einer bestimmten Zeit zurücklegt.

LICHTGESCHWINDIGKEIT

Licht bewegt sich mit 1 079 252 848,8 km/h, das entspricht 8 Umrundungen der Erde in 1 Sekunde.

ORIENTIERUNGSLICHT

Ein Lichtjahr ist die Entfernung, die Licht innerhalb eines Jahres im luftleeren Raum zurücklegt.

1 LICHTJAHR =
9 460 730
472 580,8 km

1 LICHT-MINUTE =
17 987 547,48 km

1 LICHT-SEKUNDE =
299 792,458 km

STRECKENMESSER

Die Entfernung der Erde ...

vom Mond:
1,3 Lichtsekunden

von der Sonne:
8,3 Lichtminuten

vom Mars:
5 Lichtminuten

ALLES IST RELATIV

Albert Einstein machte eine der wichtigsten Entdeckungen des 20. Jahrhunderts. Er erkannte, dass Masse und Energie zwei Formen derselben Sache sind.

Das bedeutet, dass Masse in Energie umgewandelt werden kann und wieder zurück. Dies hat Einstein in seiner weltberühmten Formel ausgedrückt: $E=mc^2$.

$$E=mc^2$$

E = Energie   **m** = Masse   **c** = Lichtgeschwindigkeit

Einsteins Theorie nimmt an, dass die Lichtgeschwindigkeit gleichbleibend ist.

Energie   **Masse**   **Lichtgeschwindigkeit**   **Lichtgeschwindigkeit**

Die Formel erklärt, wie direkt nach dem Urknall Masse aus Energie entstanden ist.

GENIESTREICH

Bevor Einstein seine Theorie aufstellte, nahm man an, dass ein Objekt beliebig schnell werden kann, wenn man es nur genügend beschleunigt. Einsteins Formel dagegen zeigt, dass mehr Energie auch mehr Masse bedeutet, denn die Lichtgeschwindigkeit bleibt immer gleich. Was bedeutet das? Ein Objekt, das sich mit Lichtgeschwindigkeit bewegt, hätte eine unbegrenzte Masse, und es bräuchte eine unbegrenzte Menge Energie, um es auf diese Geschwindigkeit zu bringen.

TEMPOLIMIT

Darum kann kein normales Objekt so schnell oder schneller als Lichtgeschwindigkeit sein.

15

WORAUS BESTEHT DAS UNIVERSUM?

Das gesamte Universum besteht aus Materie und Energie. Normale Materie besteht aus Atomen, wie alles, das wir fühlen, messen oder aufspüren können. Und es gibt Energien, die mittels des elektromagnetischen Spektrums gemessen werden. Allerdings bestehen vermutlich 95 % des Universums aus Dunkler Materie und Energie, die selbst mit heutigen Instrumenten nicht nachweisbar sind.

ELEKTROMAGNETISCHES SPEKTRUM

Elektromagnetische Wellen transportieren Energie und werden nach ihrer Frequenz unterschieden. Je kürzer die Wellenlänge, desto höher ihre Energie. Im Alltag haben verschiedene Arten von Wellen unterschiedliche Funktionen.

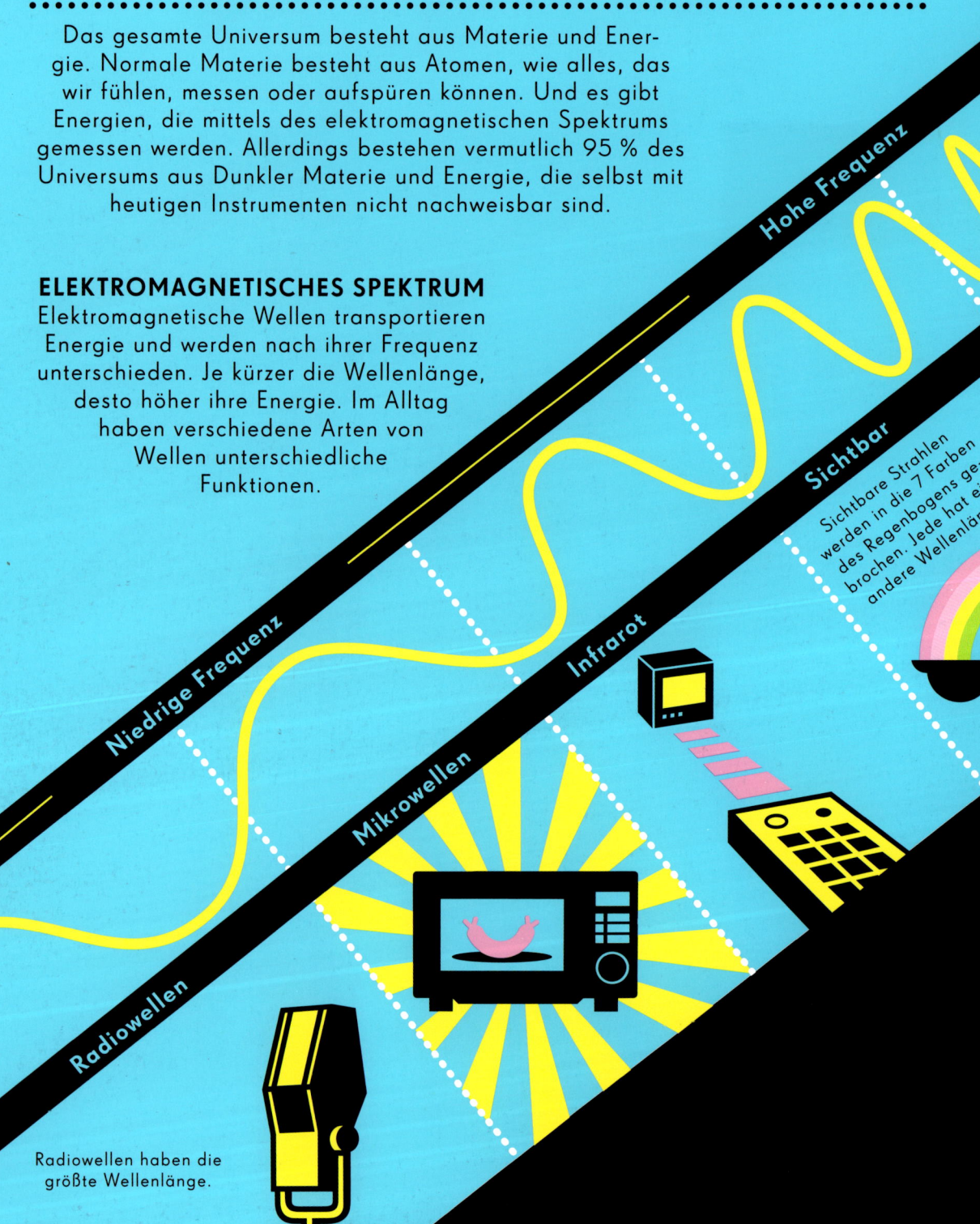

Hohe Frequenz

Niedrige Frequenz

Sichtbar

Sichtbare Strahlen werden in die 7 Farben des Regenbogens gebrochen. Jede hat eine andere Wellenlänge.

Infrarot

Mikrowellen

Radiowellen

Radiowellen haben die größte Wellenlänge.

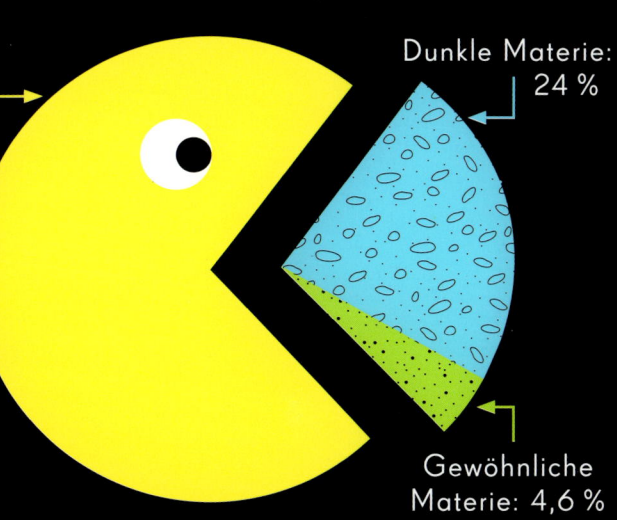

Gammastrahlen
Röntgenstrahlen
UV-Strahlen

Gammastrahlen haben die kleinste Wellenlänge. Sie entstehen in den heißesten Regionen des Universums. Freigesetzt werden sie durch besonders heftige Ereignisse wie eine Supernovaexplosion.

DUNKLE MATERIE

Galaxien verhalten sich so, als würden die Anziehungskräfte einer unsichtbaren Masse auf sie wirken. Das ist Forschern zufolge nur dadurch zu erklären, dass es Dunkle Materie gibt.

Niemand weiß, woraus Dunkle Materie besteht. Sie ist unsichtbar, nimmt also kein Licht auf und leuchtet nicht.

GEWÖHNLICHE MATERIE

Nur ein winziger Teil des Universums besteht aus gewöhnlicher Materie, auch sichtbare oder atomare Materie genannt.

Dunkle Energie: 71,4 %

Dunkle Materie: 24 %

DUNKLE ENERGIE

Wissenschaftler nehmen an, dass fast 75 % des Universums mit Dunkler Energie gefüllt ist. Man kann sie nicht nachweisen, aber vermutlich ist sie unabhängig von der Schwerkraft und verantwortlich für die immer schnellere Ausdehnung des Weltalls.

Gewöhnliche Materie: 4,6 %

GALAXIEN UND STERNE

Das Weltall besteht aus Milliarden von Galaxien, das sind Systeme aus Sternen, Planeten, Staub und Gas, die von der Schwerkraft gehalten werden. Galaxien kommen in unterschiedlichsten Formen vor, und wahrscheinlich befindet sich im Zentrum eines jeden ein riesengroßes Schwarzes Loch.

Unsere Galaxie, die Milchstraße, wird als Spiralgalaxie bezeichnet. Sie hat Arme oder Ausleger aus Sternen, die entsprechend der Drehrichtung der Galaxie spiralförmig angeordnet sind. Es gibt auch unregelmäßige Galaxien, die aus zwei Galaxien entstanden sind. Andere sind zylindrisch.

Auch Sterne haben verschiedene Formen und Größen, und sie entstehen auf unterschiedliche Weise. Der Stern beginnt als Nebel, der Gase und Hitze entwickelt und dann zu einem Roten Riesen oder Überriesen wird. Beim Abkühlen wird er weiß, dann schrumpft er und wird schwarz oder explodiert, bevor er ganz vergeht. Manche Sterne fallen vor dem Ende des normalen Lebenszyklus in sich zusammen, und Forscher vermuten, dass dadurch extrem dichte Masse entsteht, ein Schwarzes Loch. Ihrer starken Anziehungskraft kann sich nichts widersetzen.

Schauen wir, ob wir einige Geheimnisse des Himmels lüften können!

GROSSE UND KLEINE GALAXIEN

Galaxien sind Ansammlungen von Sternen, Planeten, Staub und Gas. Sie haben viele Formen und Größen.

MILCHSTRASSE

Durchmesser: 100 000 Lichtjahre

ERDE

Du bist hier.

INTERGALAK-TISCHE REISE

Das Universum enthält schätzungsweise 170 Milliarden (das sind 170 000 Millionen) Galaxien. Hier eine kurze Rundreise durch Galaxien jenseits unserer eigenen.

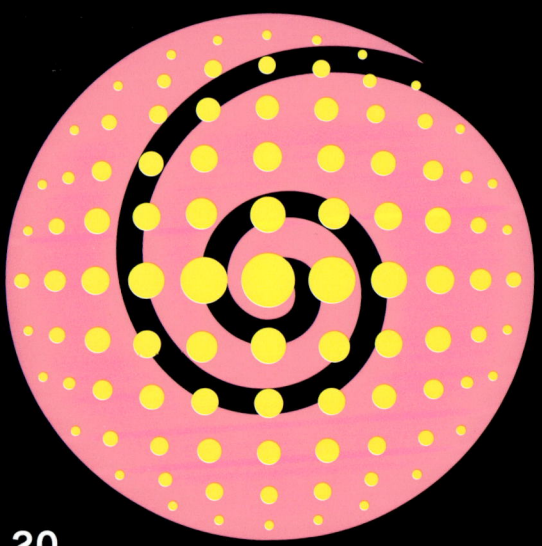

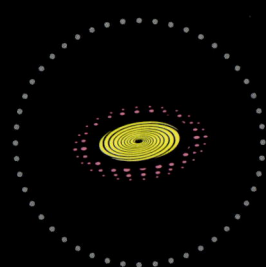

NGC 7049

Die Galaxie NGC 7049 hat Eigenschaften von elliptischen und Spiralgalaxien mit einem seilförmigen Staubring. **Entfernung von der Erde**: 100 Millionen Lichtjahre **Durchmesser**: 150 000 Lichtjahre

LEUCHTBAND

Zwei Drittel aller Galaxien, auch die Milchstraße, haben ein Band aus hellen Sternen in der Mitte. Man nennt sie Balkenspiralgalaxien.

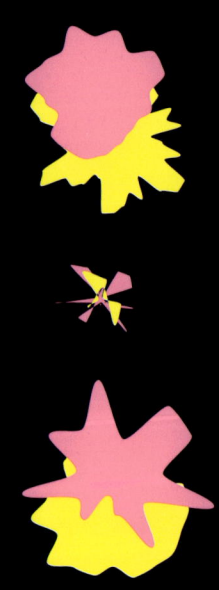

WAGENRAD-GALAXIE

Die Wagenrad-Galaxie war früher eine Spiralgalaxie. Sie ist unregelmäßig geformt und hat einen hellen Ring. **Entfernung von der Erde**: 500 Millionen Lichtjahre. **Durchmesser**: 150000 Lichtjahre

ALLE FORMEN UND GRÖSSEN

Galaxien sind unterschiedlich groß. Manche der elliptischen Galaxien enthalten womöglich 100 Millionen Mal mehr Masse als unsere, also 1900 Millionen Millionen Sonnen. Andere, etwa die extrem dichten Zwerggalaxien, die kürzlich entdeckt wurden, haben vielleicht nur wenige 10 000 Millionen Sterne. Die Milchstraße ist eine Zwerggalaxie.

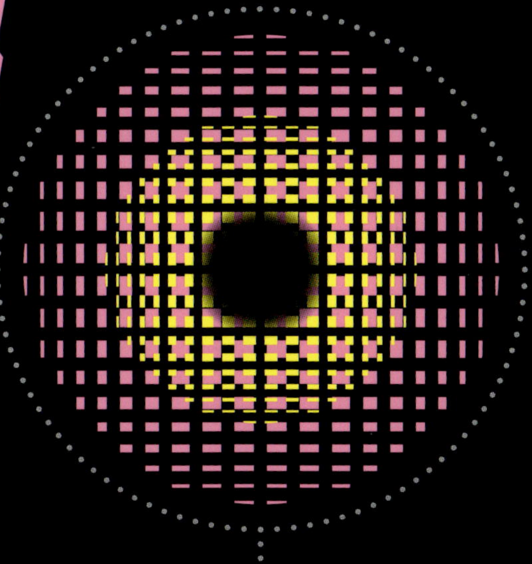

SCHWARZES HERZ

Jede Galaxie hat ein gigantisches Schwarzes Loch in der Mitte und Millionen kleinere, sogenannte stellare Schwarze Löcher. Je größer die Galaxie, desto größer das Schwarze Loch.

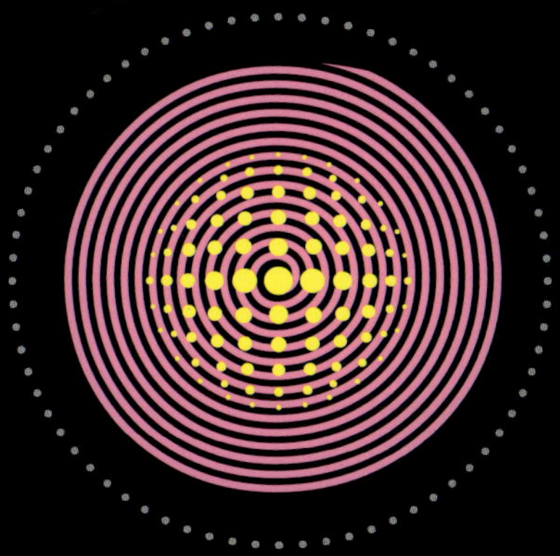

MALIN 1

Malin 1 ist eine der größten bekannten Spiralgalaxien. **Entfernung von der Erde**: 1,1 Milliarden Lichtjahre **Durchmesser**: 650 000 Lichtjahre

IN FORM

Galaxien werden nach Formen eingeteilt. Im Laufe der Zeit können sie von einer Formengruppe in eine andere wechseln.

ELLIPTISCHE GALAXIEN

Sie haben in der Regel keine Spiralarme und sind rund, zylindrisch oder oval. Elliptische Galaxien bestehen meist aus sehr alten gelben und roten Sternen und enthalten wenig Staub oder Gas.

SPIRALGALAXIEN

Sie sind scheibenförmig und haben Spiralarme aus Sternen, Gas und Staub. Die Arme bilden sich durch die Drehung der Galaxie. Viele Galaxien sind erst Spiralgalaxien und nehmen später eine andere Form an.

IRREGULÄRE GALAXIEN

Diese Galaxien haben keine bestimmte Form. Sie enthalten viel Gas, Staub und heiße blaue Sterne. Meist entstehen sie, wenn zwei Galaxien zusammenstoßen.

DIE MILCH-
STRASSE

Unser Sonnensystem gehört zu der
Galaxie »Milchstraße«. Sie ist vor mehr
als 10 Milliarden Jahren entstanden.
Sie ist eine scheibenförmige Spiralgalaxie mit einem Durchmesser von
100 000 Lichtjahren, in der Mitte ist
sie 2000 Lichtjahre dick.

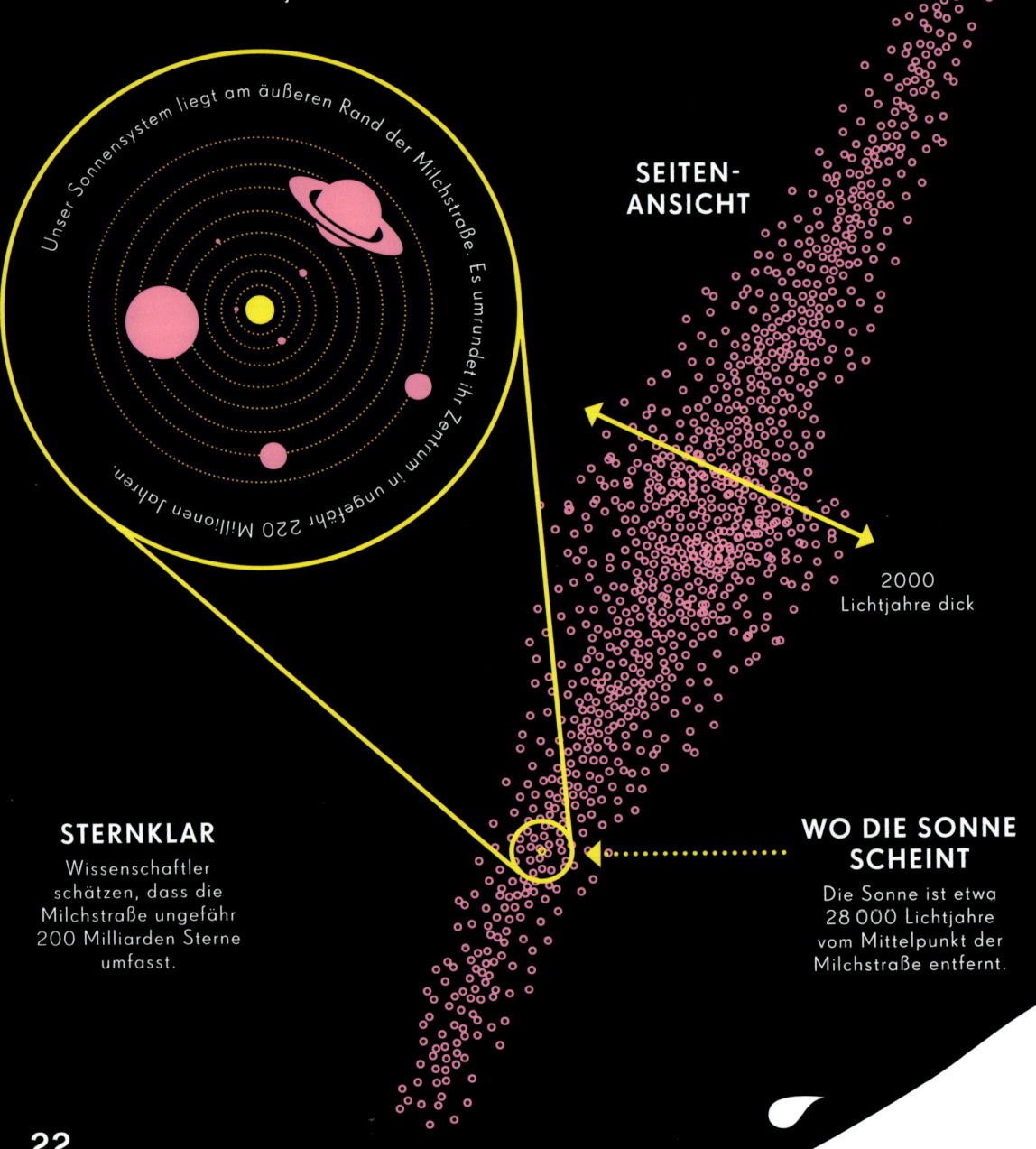

Unser Sonnensystem liegt am äußeren Rand der Milchstraße. Es umrundet ihr Zentrum in ungefähr 220 Millionen Jahren.

SEITEN-
ANSICHT

2000
Lichtjahre dick

STERNKLAR

Wissenschaftler
schätzen, dass die
Milchstraße ungefähr
200 Milliarden Sterne
umfasst.

WO DIE SONNE
SCHEINT

Die Sonne ist etwa
28 000 Lichtjahre
vom Mittelpunkt der
Milchstraße entfernt.

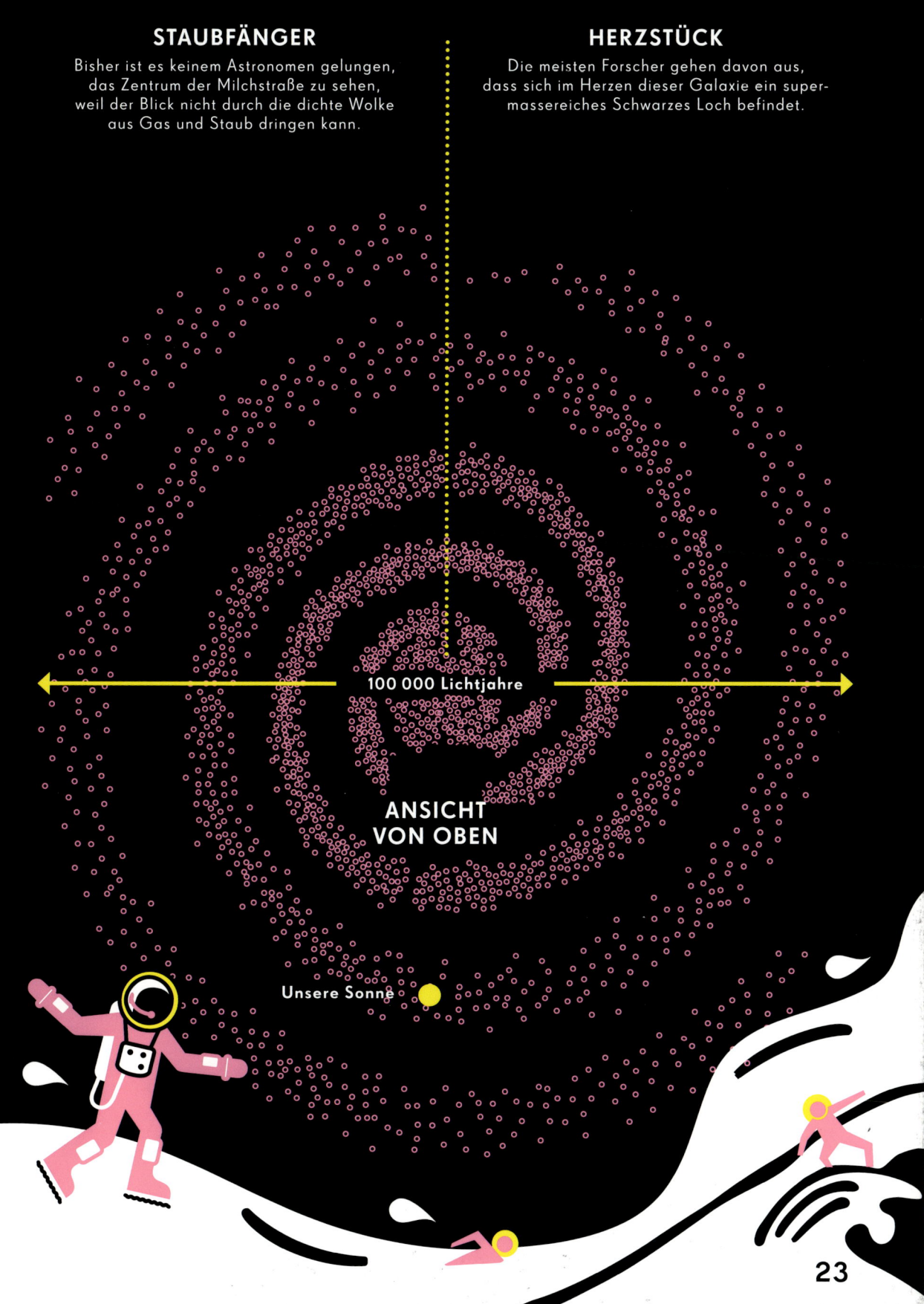

STAUBFÄNGER

Bisher ist es keinem Astronomen gelungen, das Zentrum der Milchstraße zu sehen, weil der Blick nicht durch die dichte Wolke aus Gas und Staub dringen kann.

HERZSTÜCK

Die meisten Forscher gehen davon aus, dass sich im Herzen dieser Galaxie ein supermassereiches Schwarzes Loch befindet.

100 000 Lichtjahre

ANSICHT
VON OBEN

Unsere Sonne

EIN STERN ENTSTEHT ...

Wissenschaftler schätzen, dass
es mindestens 70 Sextillionen
(70 000 Millionen Millionen Millionen)
Sterne im Universum gibt.
So entstehen und vergehen sie:

WOLKEN

Sterne entstehen in Materiewolken, die aus
Staub, Wasserstoff und Helium bestehen.
Wenn die Wolke schrumpft, formieren sich
kleine, dichtere Masseteilchen und beginnen
sich zu drehen. Sie heizen sich auf, und bei
10 Millionen °C kommt es zu Atomreaktionen,
die einen Stern entstehen lassen.

ROTER SUPERRIESE

Sterne mit einer Masse mindestens
achtmal so groß wie unsere
Sonne bilden einen Roten Superriesen.

STERN

Der Stern verbrennt seinen Wasserstoffvorrat,
dadurch entstehen Licht und Wärme.
Unsere Sonne ist ein Gelber Stern von durchschnitt-
licher Größe. Wenn Sterne kleiner und kühler sind
als die Sonne, erscheinen sie rot. Größere, heißere
hingegen sehen blau aus.

ROTER RIESE

Irgendwann geht dem Stern der Wasserstoff aus,
damit kommt er an sein Ende. Der Kern erhitzt sich,
wodurch sich der Stern vergrößert und die äußeren
Schichten abgestoßen werden.

SUPERNOVA

Der Rote Superriese ist instabil und kann nur ein paar Millionen Jahre existieren. Dann wird er in einer riesigen Explosion, der Supernova, gesprengt. Rund eine Woche lang leuchtet die Supernova heller als irgendein anderer Stern der Galaxie. Danach erlischt sie schnell.

NEUTRONEN-STERNE

Manchmal fällt die Supernova in sich zusammen. Dann entsteht ein winziger, unglaublich dichter Neutronenstern. Neutronensterne haben einen Durchmesser von rund 20 km. Manche drehen sich schnell und blinken, das sind Pulsare. Sie verlieren mit der Zeit ihre Energie und werden zu normalen Neutronensternen.

SCHWARZES LOCH

Manche Forscher meinen, dass gigantische Rote Riesen gelegentlich in sich zusammenfallen und dadurch eine Masse entsteht, die so dicht ist, dass nichts ihrer Anziehungskraft entkommt, nicht einmal Licht.

WEISSER ZWERG

Wenn der Rote Riese wieder stabil ist, wirft er seine äußeren Schichten ab. Dadurch entsteht eine Wolke, planetarischer Nebel genannt. Der alte Stern kühlt ab und schrumpft, er wird zu einem kleinen, dichten, schwach leuchtenden Weißen Zwerg.

SCHWARZER ZWERG

Milliarden Jahre später, wenn der Weiße Zwerg vollständig abgekühlt ist, wird er zu dunkler, kalter Masse, für das Auge unsichtbar. Das ist der Schwarze Zwerg.

WAS IST EIN SCHWARZES LOCH?

Schwarze Löcher sind nicht sichtbar, denn nicht einmal Licht entkommt ihrer Anziehungskraft. Dennoch ist wissenschaftlich bewiesen, dass es sie gibt.

ÄUSSERER HORIZONT

In dieser Region ist die Schwerkraft noch so gering, dass Materie in der Nähe nicht angezogen wird. Stell dir das Schwarze Loch als Wasserfall vor, und du schwimmst darauf zu. Von dieser Stelle aus könntest du noch gegen die Strömung schwimmen, um dich zu retten.

EREIGNIS-HORIZONT

Hier ist keine Rückkehr möglich, ähnlich der Stelle, an der ein Fluss die Klippe hinunterstürzt. Hier führt die Schwerkraft dazu, dass Raum schneller als mit Lichtgeschwindigkeit in sich zusammenfällt. Darum wird selbst das Licht hier »verschluckt«.

SINGULARITÄT

Materie, die ins Schwarze Loch fällt, wird zu einem Punkt, der kleiner ist als ein Atom. Er heißt Singularität. Hier in der Mitte ist die Schwerkraft am stärksten. Mit heutigen Theorien ist es aber noch nicht möglich, diesen Teil des Schwarzen Lochs vollständig zu erklären.

ÄUSSERER HORIZONT

Licht entkommt

Licht steht still

Licht wird aufgesaugt

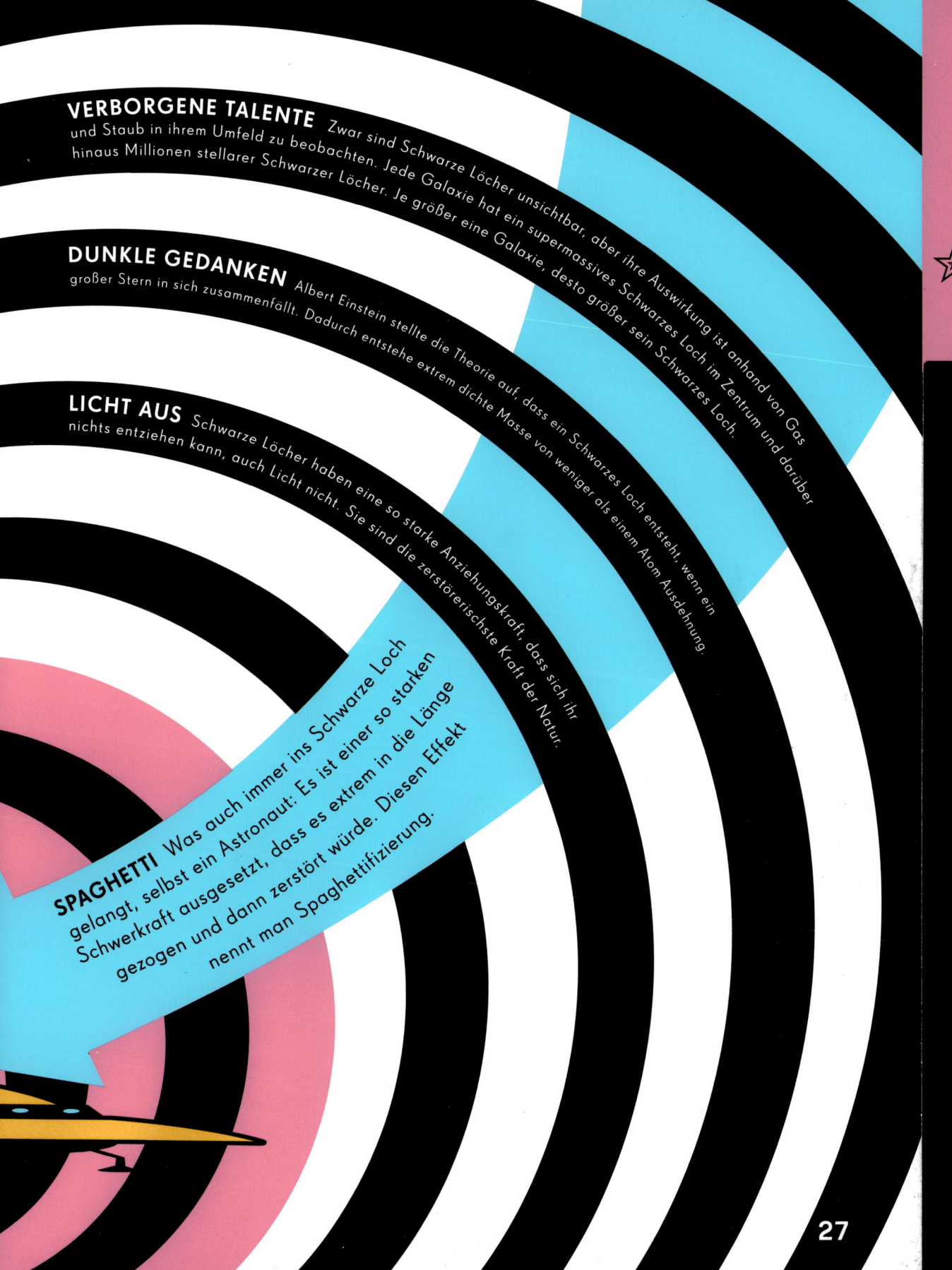

VERBORGENE TALENTE Zwar sind Schwarze Löcher unsichtbar, aber ihre Auswirkung ist anhand von Gas und Staub in ihrem Umfeld zu beobachten. Jede Galaxie hat ein supermassives Schwarzes Loch im Zentrum und darüber hinaus Millionen stellarer Schwarzer Löcher. Je größer eine Galaxie, desto größer sein Schwarzes Loch.

DUNKLE GEDANKEN Albert Einstein stellte die Theorie auf, dass ein Schwarzes Loch entsteht, wenn ein großer Stern in sich zusammenfällt. Dadurch entstehe extrem dichte Masse von weniger als einem Atom Ausdehnung.

LICHT AUS Schwarze Löcher haben eine so starke Anziehungskraft, dass sich ihr nichts entziehen kann, auch Licht nicht. Sie sind die zerstörerischste Kraft der Natur.

SPAGHETTI Was auch immer ins Schwarze Loch gelangt, selbst ein Astronaut: Es ist einer so starken Schwerkraft ausgesetzt, dass es extrem in die Länge gezogen und dann zerstört würde. Diesen Effekt nennt man Spaghettifizierung.

DAS SONNENSYSTEM

Am meisten wissen wir über den Teil des Universums, in dem wir leben: das Sonnensystem. Um unseren Stern, die Sonne, drehen sich acht Planeten: Merkur, Venus, Erde, Mars, Jupiter, Saturn, Uranus und Neptun. Außerdem besteht das Sonnensystem aus Hunderten weiterer Himmelskörper, die in derselben Weise um die Sonne kreisen.

Neben den Hauptplaneten sind fünf kleinere oder Zwergplaneten bekannt. Forscher sprechen davon, dass es womöglich viele Hundert noch nicht entdeckte Zwergplaneten gibt. Außerdem gibt es die Kometen, mit Eis bedeckte Objekte, die durch den Weltraum fliegen und die wir manchmal sogar von der Erde aus sehen können.

Das Sonnensystem ist voll von Planeten, Kometen, Asteroiden und Meteoren. Wissenschaftler erforschen sie, indem sie Roboter, Satelliten und auch Menschen ins All schicken.

Dieses Kapitel gibt dir tieferen Einblick in die Geheimnisse, von denen die Erde umgeben ist.

UNSER SONNENSYSTEM

Unser Sonnensystem enthält:
1 Stern

Unsere Sonne ist der Stern, um den sich alles im Sonnensystem dreht. Der erste Mensch, der das bewiesen hat, der »Vater der modernen Wissenschaft«, war der italienische Astronom Galileo Galilei. Er lebte 1564–1642.

Merkur Venus

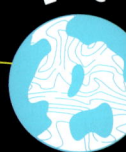

Erde

Tausende Kometen,
sogenannte schmutzige Schneebälle, sind bei der Entstehung des Sonnensystems übriggeblieben. 3246 davon wurden identifiziert. Es sind von Eis bedeckte Objekte, durch die vermutlich das Wasser auf die Erde gekommen ist.

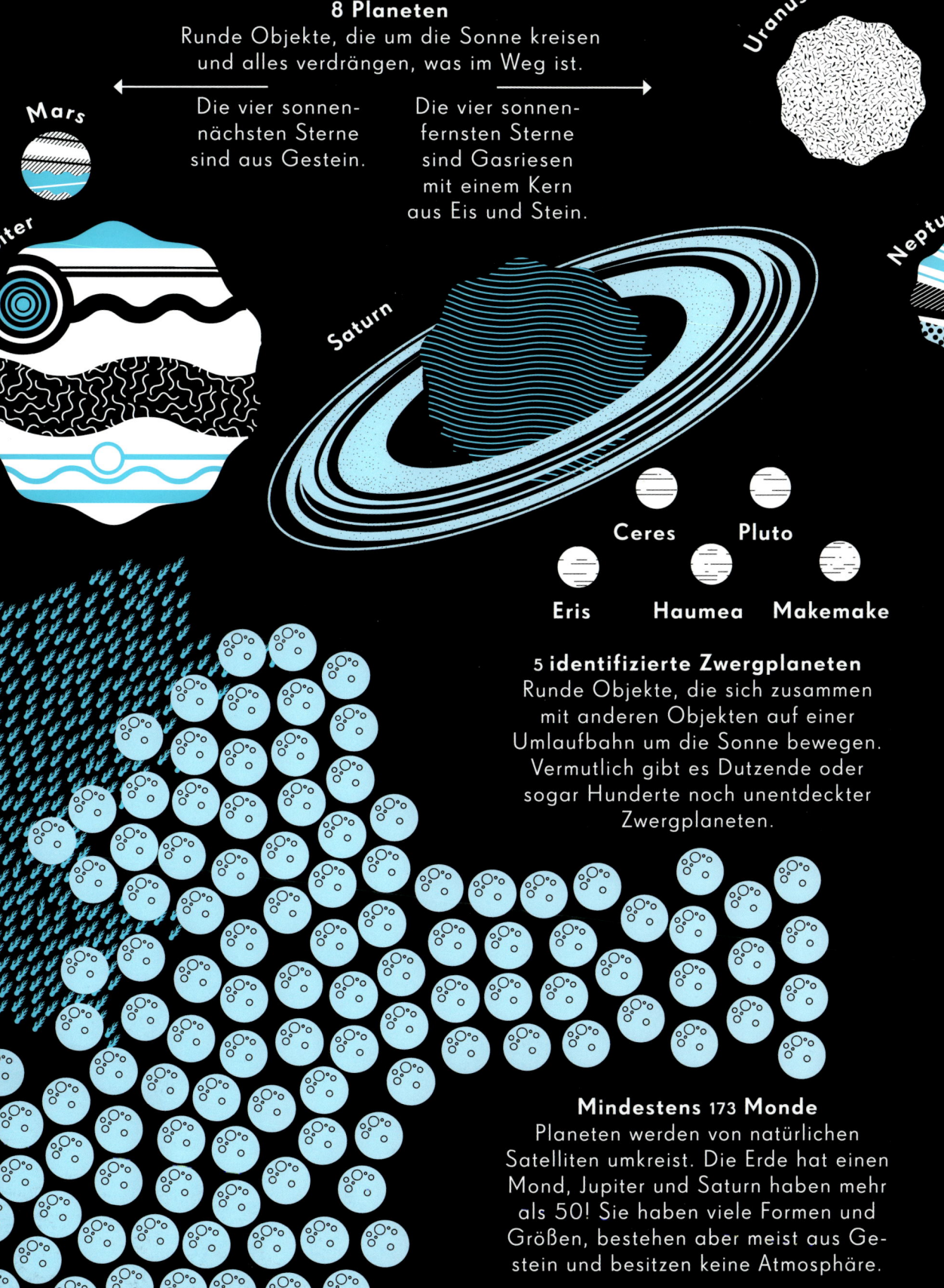

8 Planeten
Runde Objekte, die um die Sonne kreisen
und alles verdrängen, was im Weg ist.

Die vier sonnen-
nächsten Sterne
sind aus Gestein.

Die vier sonnen-
fernsten Sterne
sind Gasriesen
mit einem Kern
aus Eis und Stein.

Uranus

Mars

Jupiter

Neptun

Saturn

Ceres

Pluto

Eris

Haumea

Makemake

5 identifizierte Zwergplaneten
Runde Objekte, die sich zusammen
mit anderen Objekten auf einer
Umlaufbahn um die Sonne bewegen.
Vermutlich gibt es Dutzende oder
sogar Hunderte noch unentdeckter
Zwergplaneten.

Mindestens 173 Monde
Planeten werden von natürlichen
Satelliten umkreist. Die Erde hat einen
Mond, Jupiter und Saturn haben mehr
als 50! Sie haben viele Formen und
Größen, bestehen aber meist aus Ge-
stein und besitzen keine Atmosphäre.

DIE PLANETEN DES SONNENSYSTEMS

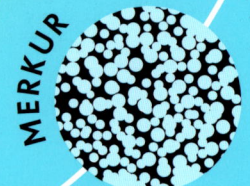

MERKUR

Ein Jahr auf Merkur hat 88 Erdentage.

Merkur ist der kleinste Planet, nur wenig größer als unser Mond. Hier gibt es die größten Temperaturunterschiede, zwischen 430 °C und 180 °C. Die Sonne erscheint von hier aus dreimal größer als von der Erde aus.

VENUS

Die Venus dreht sich im Uhrzeigersinn, also andersherum als die Erde. Darum geht die Sonne dort im Westen auf und im Osten unter. Die Venus rotiert sehr langsam; Ein Tag auf diesem Planeten dauert 243 Erdentage. Mit 480 °C ist Venus viel heißer als Merkur.

Ein Jahr auf der Venus hat 255 Erdentage. Venus braucht länger, sich einmal um die eigene Achse zu drehen als einmal um die Sonne.

ERDE

Die Erde ist der einzige bekannte Planet, der Leben ermöglicht. Die Erdoberfläche ist zu 70 % von Wasser bedeckt. Die Atmosphäre schützt vor Asteroideneinschlag und ist die einzige, in der man atmen kann. Die Erde hat einen Mond.

Ein Jahr auf der Erde hat 365 Erdentage.

Ein Jahr ist die Zeit, die ein Planet für die Umrundung der Sonne braucht.

Ein Tag ist die Zeit, in der sich ein Planet um seine Achse dreht.

MARS

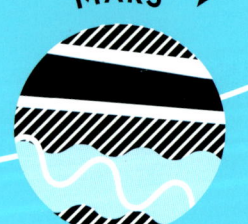

Dieser felsige, gebirgige Planet hat zwei Monde: Phobos und Deimos. Der eisenhaltige Boden und die Atmosphäre lassen Mars rot erscheinen. Forscher versuchen herauszufinden, ob es auf dem Mars jemals Leben gab oder geben könnte.

Ein Tag auf dem Mars hat etwas mehr als 24 Stunden.
Ein Jahr auf dem Mars hat 687 Erdentage.

ASTEROIDENGÜRTEL

Zwischen den Umlaufbahnen von Mars und Jupiter bewegen sich die meisten Asteroiden des Sonnensystems.

SATURN

Der Gasplanet hat mindestens 53 Monde und 7 Ringe, die nur 10 m dick sind. Starke Winde, fünfmal so stark wie auf der Erde, sorgen für die goldenen und gelben Ringe des Saturns. Sein größter Mond, Titan, ist größer als der Planet Merkur.

Dieser Gigant aus Gas ist der größte Planet des Sonnensystems. Er enthält doppelt so viel Materie wie alle übrigen Planeten zusammen. Jupiter hat 50 Monde, darunter Ganymed, den größten im Sonnensystem.

Ein Jahr auf dem Jupiter ist so lang wie 12 Jahre auf der Erde. Er dreht sich schnell – eine Umdrehung in 10 Stunden –, wodurch starke Winde entstehen. Der Große Rote Fleck ist ein Sturm, zweimal so groß wie die Erde. Er wütet seit über 300 Jahren.

JUPITER

URANUS

Der riesige Planet aus Eis hat 13 Ringe, und seine Rotations-achse ist um über 90° geneigt. Ähnlich wie die Venus dreht sich Uranus ge-gen den Uhrzeigersinn.

Auch Neptun ist ein Eisplanet, und selbst ohne Fernrohr wussten frühe Astronomen, dass es ihn gibt. Aufgrund seiner elliptischen Um-laufbahn ist er manch-mal weiter von der Sonne entfernt als der Zwergplanet Pluto.

Ein Jahr auf Uranus hat 84 Erdenjahre. An den Polen gibt es lange, dunkle Winter, die über 20 Jahre dauern.

Ein Jahr auf Neptun hat 165 Erdenjahre.

NEPTUN

DER KUIPERGÜRTEL

Dieser flache Ring verläuft außerhalb der Neptun-Umlaufbahn. Hier sind auch Pluto und die meisten kurzperiodischen Kometen zu finden.

33

WENN DIE PLANETEN FRÜCHTE WÄREN

So wäre die Größe der Planeten im Vergleich zueinander, wenn sie Früchte wären.

VENUS = WEINTRAUBE
Durchmesser:
12 100 km

JUPITER = WASSERMELONE
Durchmesser:
143 000 km

MERKUR = PFEFFERKORN
Durchmesser:
4880 km

**MARS =
HEIDELBEERE**
Durchmesser:
6800 km

**SATURN =
GRAPEFRUIT**
Durchmesser:
120 500 km

**URANUS =
APFEL**
Durchmesser:
51 000 km

**NEPTUN =
LIMETTE**
Durchmesser:
50 000 km

**ERDE =
KIRSCHTOMATE**
Durchmesser:
12 700 km

WAS GIBT ES NOCH IM SONNENSYSTEM?

SCHNEESTURM

Kometen sind fliegende Schneebälle aus gefrorenem Gestein, Eis und Staub. Nähert sich ein Komet bei seinem Flug durch den Weltraum der Sonne, wird er warm und bekommt eine dunstige Hülle, die Koma, manchmal auch einen »Schweif« aus Gas und Staub.

HIMMELSKÖRPER

Asteroiden sind kleine, unregelmäßig geformte Körper aus Gestein und Metall. Manche haben einige Monde, niemals aber eine Atmosphäre oder Ringe. Sie sind näher bei der Sonne entstanden, sodass das Eis nicht fest bleiben konnte.

AUF STEIN GEBAUT

Alle Meteore und Meteoriten waren ursprünglich Meteoroiden, kleine Steine und Bruchstücke, die durchs Weltall fliegen.

STERNSCHNUPPEN

Meteore, auch Sternschnuppen genannt, sind Meteoroiden, die in die Erdatmosphäre eintreten. Dort verglühen sie in wenigen Sekunden und leuchten dabei hell auf. Was bleibt, ist eine Spur aus Staub.

ERDE

VOLL EINGESCHLAGEN

Einige große Meteoriten haben auf der Erde große Verwüstungen angerichtet. Wahrscheinlich schlug vor 65 Millionen Jahren ein Meteorit mit einem Durchmesser von über 10 km im heutigen Mexiko ein. Dadurch entstand ein 180 km breiter Krater, die Explosion war heftiger als die von 1 Milliarde Atombomben. Er zerstörte viel Leben auf der Erde, auch die Dinosaurier starben aus.

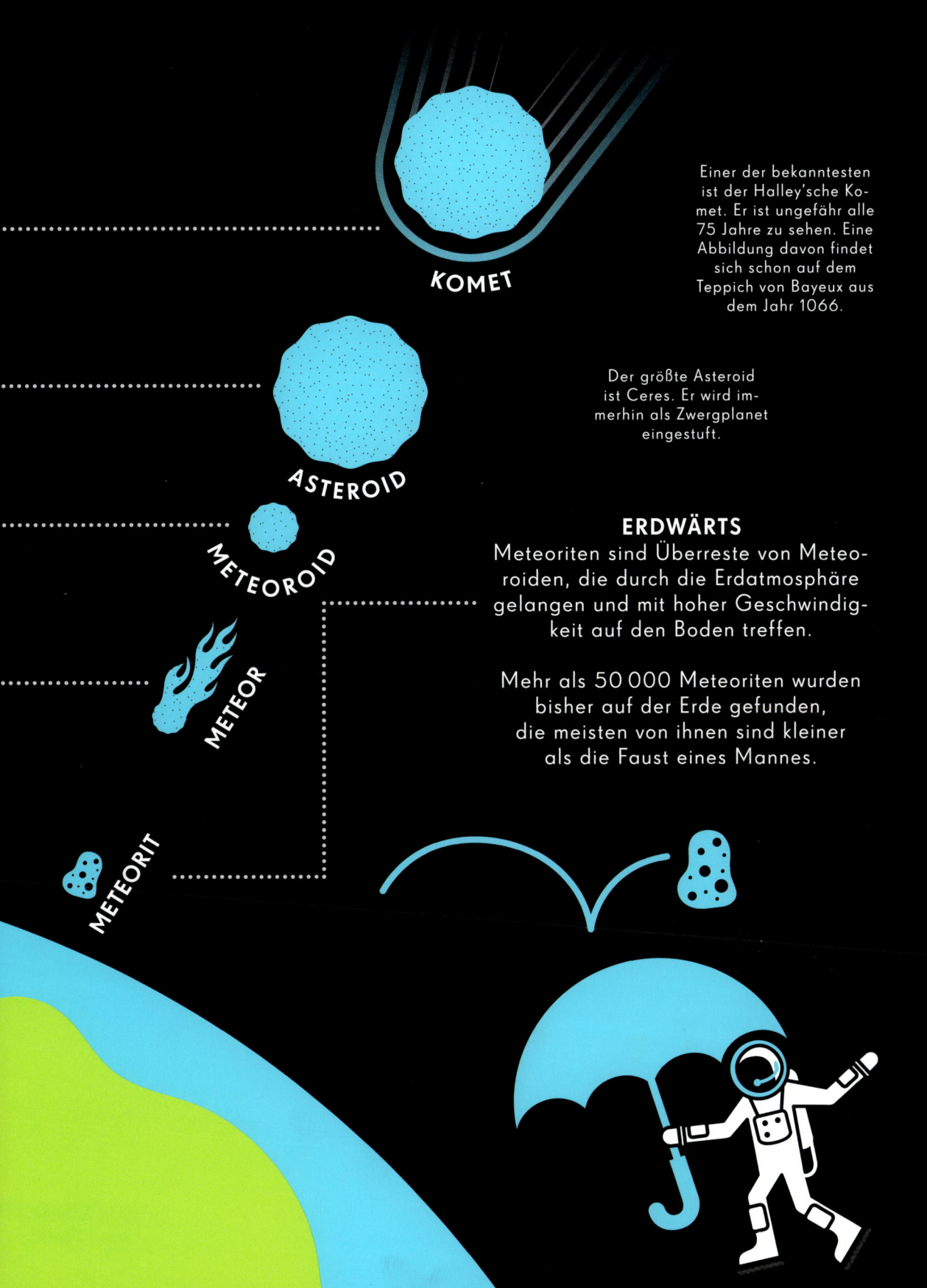

KOMET

ASTEROID

METEOROID

METEOR

METEORIT

Einer der bekanntesten ist der Halley'sche Komet. Er ist ungefähr alle 75 Jahre zu sehen. Eine Abbildung davon findet sich schon auf dem Teppich von Bayeux aus dem Jahr 1066.

Der größte Asteroid ist Ceres. Er wird immerhin als Zwergplanet eingestuft.

ERDWÄRTS

Meteoriten sind Überreste von Meteoroiden, die durch die Erdatmosphäre gelangen und mit hoher Geschwindigkeit auf den Boden treffen.

Mehr als 50 000 Meteoriten wurden bisher auf der Erde gefunden, die meisten von ihnen sind kleiner als die Faust eines Mannes.

DIE SONNE

Die Sonne ist mehr als eine große Lichtkugel im Himmel, die unserem Planeten Wärme gibt und uns am Leben erhält. Sie ist ein 4,5 Milliarden Jahre alter Stern, ein Gelber Zwerg, der unsere Erde durch seine Anziehungskraft auf der Umlaufbahn hält.

Die Sonne umfasst 99 Prozent der Masse des Sonnensystems. Sie besteht aus dem 15 Millionen Grad Kelvin heißen Kern, einer Zone aus Gammastrahlen und einer Konvektionszone außen. Ungeheure Mengen an Energie gehen von diesem riesigen, heißen Stern aus, die in seiner Mitte durch Kernfusion entstehen.

So makellos glatt, wie sie von der Erde aus wirkt, ist die Sonne nicht. An der Oberfläche sind mit speziellen Teleskopen Sonnenflecken erkennbar, die auf starke magnetische Aktivität zurückgehen, sowie Sonneneruptionen oder Flares, die durch den Auswurf von Masse entstehen.

Die Sonne ist der Schlüssel zum Leben auf der Erde, und ihre faszinierenden Lichtspektakel am Nord- und am Südpol lassen ihre unglaubliche Energie erahnen. Unter der Oberfläche ist jedoch noch viel mehr verborgen!

DIE SONNE

Die Sonne ist der Stern im Mittelpunkt unseres Sonnensystems. Die Kugel aus hell leuchtendem Gas mit einem Durchmesser von 1,4 Millionen km hält durch ihre eigene Schwerkraft zusammen. Die Sonne enthält 99 % der Masse des gesamten Sonnensystems.

Mit einem Alter von 4,5 Milliarden Jahren ist die Sonne ein Stern mittleren Alters, ein sogenannter Gelber Zwerg.

KENNZEICHEN

SONNENFLECKEN
Diese vorübergehend existierenden Flecken werden durch riesige Magnetfelder ausgelöst. Hier ist die Temperatur niedriger, wodurch diese Regionen dunkler erscheinen. Meist treten sie paarweise mit einem nördlichen und einem südlichen Magnetfeld auf.

FLARES
An der Oberfläche der Sonne kommt es durch magnetische Stürme zu Energieausbrüchen, auch Eruptionen oder Flares genannt.

GRANULATION
Die Sonne erscheint gesprenkelt, weil in der Konvektionszone ständig heiße Masse an die Oberfläche dringt. Die Austrittspunkte erscheinen wie Körner, man nennt sie Granulen.

SONNENGRÖSSE
Hier siehst du, wie groß die Sonne im Vergleich zu den acht Planeten ist, die um sie kreisen.

Merkur
Venus
Erde
Mars
Jupiter
Uranus
Neptun
Saturn

DER AUFBAU DER SONNE

SONNENKERN

Im Kern wird Wasserstoff durch Fusion in Helium umgewandelt. Dabei entsteht unermesslich viel Energie in Form von Gammastrahlen. Die Temperatur im Kern liegt bei rund 15 Millionen °C.

STRAHLUNGSZONE

Die Energie aus dem Kern braucht ungefähr 10 Millionen Jahre bis zur Konvektionszone, weil die Gammaphotonen im dichten Plasa chaotisch zusammenstoßen, absorbiert und wieder ausgestrahlt werden.

KONVEKTIONSZONE

Dieser Bereich bildet die äußere Schale der Sonne. Es sieht aus, als würde diese Zone kochen, denn hier gelangt Energie durch die heiße Masse in die Sonnenatmosphäre. Die Temperatur an der Oberfläche beträgt ungefähr 5000 °C.

SONNENATMOSPHÄRE

PHOTOSPHÄRE

Dies ist der einzige Teil der Sonne, den man mit bloßem Auge sieht, denn hier gelangt die Energie aus dem Inneren in Form von Licht in den Weltraum.

CHROMOSPHÄRE

Sie liegt als dünne Schicht über der Photosphäre und ist nur während einer Sonnenfinsternis als roter Ring um die Sonne erkennbar.

KORONA

Sie umschließt die Chromosphäre. Das glühende Leuchten dieser Gasschicht ist aber nur bei einer Sonnenfinsternis zu sehen.

SONNEN-KRAFT

Die Sonne ist ein gigantisches Kraft-werk, das Energie durch Kernfusion produziert. Sie besteht aus etwa 70 % Wasserstoff, 28 % Helium und 2 % anderen Gasen. Die Zusammenset-zung ändert sich mit der Zeit, da die Sonne ständig Wasserstoff in Helium umwandelt.

WIE BRENNT DIE SONNE?

Wie alle Sterne erzeugt die Sonne Energie durch eine Reaktion, die man Kernfusion nennt.

So funktioniert's:

1. Die Schwerkraft der Sonne zieht ihre Materie nach innen. Dadurch entsteht hoher Druck.

DER KERN DER MATERIE

Im Kern der Sonne herr-schen unvorstellbare Hitze und Druck.

Die **Temperatur** beträgt 15 Millionen °C.

Der Druck ist 250 Milliarden Mal höher als in der Erdatmosphäre auf Meereshöhe.

Die **Dichte** ist 150 Mal höher als die von Wasser.

ACHTUNG!

Kernfusion ist eine Reaktion, mit der auch Wasserstoffbomben funktionieren, die gefährlichsten Waffen der Welt.

2. Hohe Temperatur und hoher Druck führen dazu, dass die Wasserstoffatome verschmelzen und zu Helium werden. Das ist die Fusion.

4. Diese Energie wird in Form von Hitze und Strahlung abgegeben.

3. Durch die Fusion wird ein Teil der Masse zu Energie.

RIESENKRAFT

Die Sonnenenergie entspricht 386 Milliarden Megawatt. Damit können 6500 Billionen 60-Watt-Birnen leuchten.

WECHSELKURS

Pro Sekunde werden 700 Millionen Tonnen Wasserstoff in ungefähr 695 Millionen Tonnen Helium umgewandelt. Die restlichen 5 Millionen Tonnen werden zu Energie (Gammastrahlen) gemacht.

MAGNETFELDER DER STERNE

Die Strömungen in der Konvektionszone der Sonne erzeugen ein magnetisches Feld, das sich über Pluto hinaus ins All ausdehnt. Auch die Erde besitzt ein magnetisches Feld. Es wird durch die Bewegung flüssiger Lava erzeugt und schützt uns vor einem Großteil der schädlichen Strahlung aus dem All.

WINDIG

Der Sonnenwind (Plasma) besteht aus Strömen heißer geladener Teilchen, die die Sonne durch die Löcher in der Korona aussendet.

STRAHLENSENDUNG

Die Flares an der Sonnenoberfläche setzen geladene Teilchen, Röntgenstrahlen und andere Strahlung frei, die auf die Erde treffen. Diese Teilchen stören das Magnetfeld der Erde und können Satelliten außer Funktion setzen.

FLECKENKREISLAUF

Die Sonne durchläuft in rund 11 Jahren einen Zyklus oder Kreislauf. Dabei nehmen die Aktivität um die Sonne und die Sonnenflecken zu, und es gibt immer mehr Eruptionen oder Flares. Das magnetische Feld verändert sich.

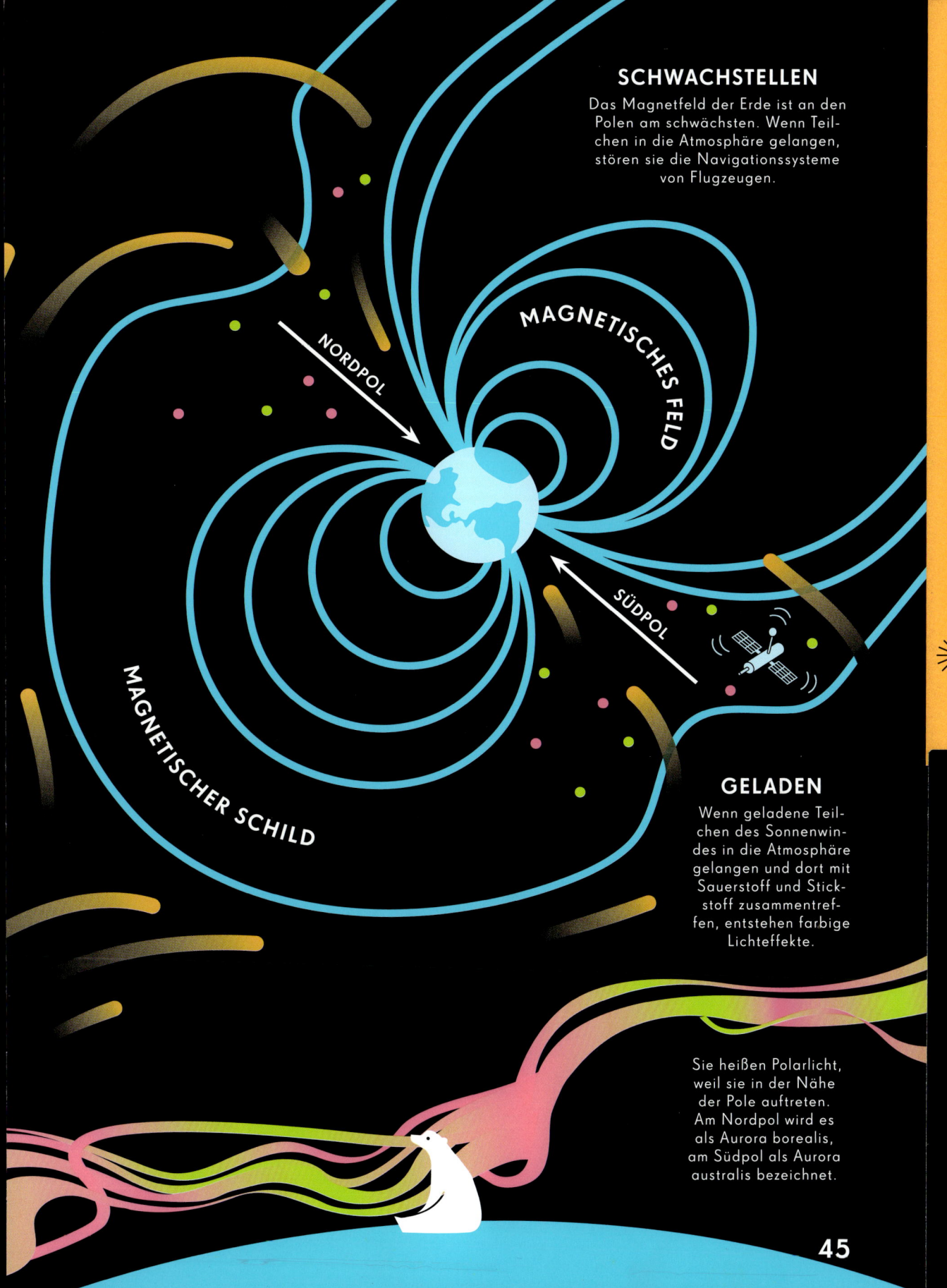

SCHWACHSTELLEN

Das Magnetfeld der Erde ist an den Polen am schwächsten. Wenn Teilchen in die Atmosphäre gelangen, stören sie die Navigationssysteme von Flugzeugen.

MAGNETISCHES FELD

NORDPOL

SÜDPOL

MAGNETISCHER SCHILD

GELADEN

Wenn geladene Teilchen des Sonnenwindes in die Atmosphäre gelangen und dort mit Sauerstoff und Stickstoff zusammentreffen, entstehen farbige Lichteffekte.

Sie heißen Polarlicht, weil sie in der Nähe der Pole auftreten. Am Nordpol wird es als Aurora borealis, am Südpol als Aurora australis bezeichnet.

ERDE UND MOND

Soweit wir heute wissen, ist die Erde der einzige Planet im Universum, auf dem es Leben gibt. Sie befindet sich im idealen Abstand von der Sonne, sodass es nie zu heiß oder zu kalt ist, und durch ein Magnetfeld ist sie vor Sonnenstrahlung geschützt.

Während die Oberfläche großenteils mit Wasser bedeckt ist, ist der Kern aus Eisen und Nickel so dicht, dass er auch bei 6000 °C nicht schmilzt. Eingehüllt in die Atmosphäre, in der Meteore verglühen, und ausgestattet mit Gas, das wir einatmen können, ist die Erde ein geschützter Raum.

Der Mond, der um die Erde kreist, lenkt den Blick ins Universum. Unser Mond ist der einzige Himmelskörper, den der Mensch je betreten hat – außer der Erde natürlich. Vor allem seine Anziehungskraft bestimmt die Gezeiten der Meere, und sichtbar ist er, weil ihn die Sonne beleuchtet.

Die Bewegungen der Erde bestimmen unseren Kalender, und zwei leuchtende Himmelskörper über uns sorgen für Tag und Nacht. Im Zusammenspiel mit der Erde verfinstern sie sich manchmal – ein faszinierendes Erlebnis.

Du weißt schon viel über den Planeten, auf dem du lebst. Aber es gibt noch mehr zu entdecken. In diesem Kapitel erfährst du, woraus der Boden unter deinen Füßen besteht.

LEBENSRAUM ERDE

Mit dem restlichen Sonnensystem ist die Erde vor rund 4,5 Milliarden Jahren entstanden. Sie ist der einzige bekannte Planet, auf dem Leben möglich ist.

5–70 km dick →

AUF DEM ERDBALL

Die Erdkruste ist die äußerste Schicht der Weltkugel. Sie besteht aus Teilen, den tektonischen Platten, die auf dem Erdmantel liegen und sich ein paar Zentimeter pro Jahr bewegen. Dadurch kommt es zu Erdbeben und Vulkanausbrüchen.

Bis zu 2890 km dick →

WANDERNDE BERGE

Die Erde speichert den Großteil ihrer Wärme im Erdmantel. Umwälzungen oder Konvektionsströme sorgen für Bewegung in der Erdkruste, die darauf liegt.

Bis zu 2300 km dick —

AUFSTREBEND

Der flüssige äußere Kern wird durch Konvektion in Bewegung gehalten. Dabei steigt heißere Flüssigkeit nach oben, kühleres Material sinkt nach unten. Durch diese Aktivität entsteht das Magnetfeld der Erde.

Bis zu 1250 km dick —

SCHWERES HERZ

Die Erde ist der Planet mit der höchsten Dichte im Universum. Das liegt an dem Kern, der vor allem aus Eisen und etwas Nickel besteht. Sogar bei einer Temperatur von 6000 °C schmilzt dieser harte Kern nicht.

KRUSTE

MANTEL

ÄUSSERER KERN

INN

BLAUER PLANET

71 % der Erde sind mit Wasser bedeckt. Die Erde ist der einzige bekannte Planet mit großen Mengen an flüssigem Wasser.

WARUM IST AUF DER ERDE LEBEN MÖGLICH?

GUTE LAGE!

Die Erde ist der Sonne nicht zu nah, also nicht zu heiß, und nicht zu weit entfernt und dadurch nicht zu kalt.

SCHUTZSCHILD

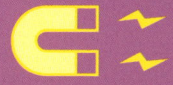

Das Magnetfeld schützt die Erde vor schädlichen Strahlen.

IN DER BLASE

Die Erdatmosphäre sorgt für die richtige Temperatur und hält Meteore ab.

DIE CHEMIE STIMMT

Der chemische Haushalt der Erde ist ausgewogen. Es gibt genug Luft zum Atmen, flüssiges Wasser und Rohstoffe.

LEBENSQUELLE

Die Temperaturen auf der Erde sorgen dafür, dass Wasser in flüssiger Form existiert, eine unverzichtbare Grundlage des Lebens.

DIE ERD-ATMOSPHÄRE

Die Atmosphäre reicht ungefähr 1000 km ins Weltall. Je weiter man sich von der Erde entfernt, desto dünner wird die Atmosphäre.

Leuchtende Nachtwolken
Diese hellen Wolken erscheinen in manchen Sommernächten in großer Höhe.

Übrige 0,1 %
Argon 0,9 %
Sauerstoff 21 %
Stickstoff 78 %

ATMEN IST LEBEN

Viele Planeten haben eine Atmosphäre, aber nur die der Erde enthält Gase, die man atmen kann.

EXOSPHÄRE
bis 10 000 km

 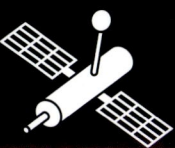

Satellit

TREIBHAUSEFFEKT

Die Erde ist von einer Hülle aus Gas umgeben, der Atmosphäre. Diese Schicht funktioniert wie ein Gewächshaus: Es lässt die Sonnenwärme eindringen und hält sie fest, sodass die Erde warm bleibt – auch dort, wo es Nacht ist und keine Sonnenstrahlen auftreffen.

THERMOSPHÄRE
80–500/800 km

Raumschiff

MESOPAUSE
85 km

MESOSPHÄRE
50–80 km

Meteore

SCHUTZSCHILD

Meteore, die mit hoher Geschwindigkeit in die Atmosphäre gelangen, verbrennen in der Gasschicht. Die Atmosphäre funktioniert also wie ein Schutzschild für das Leben auf der Erde.

STRATOSPHÄRE
5–50 km

Die Ozonschicht filtert schädliche Strahlung aus dem Weltraum.

SCHÖNWETTERLAGE

Durch die Bewegung der Gase in der Atmosphäre werden Wärme und Wasserdampf auf der Erde verteilt. Dadurch entstehen Klimazonen mit relativ gleichbleibenden Niederschlagsmengen und Winden, die Lebensraum für Tiere und Pflanzen bieten.

Radiosonde
Diese kleine Wetterstation misst Druck, Temperatur und Luftfeuchtigkeit.

OZON

Passagierflugzeug

Mount Everest

Heißluftballon

TROPOSPHÄRE
7–70 km

DER ERDKALENDER

Das Erdenjahr ist in vier Jahreszeiten aufgeteilt. So sehen sie auf der nördlichen Halbkugel aus:

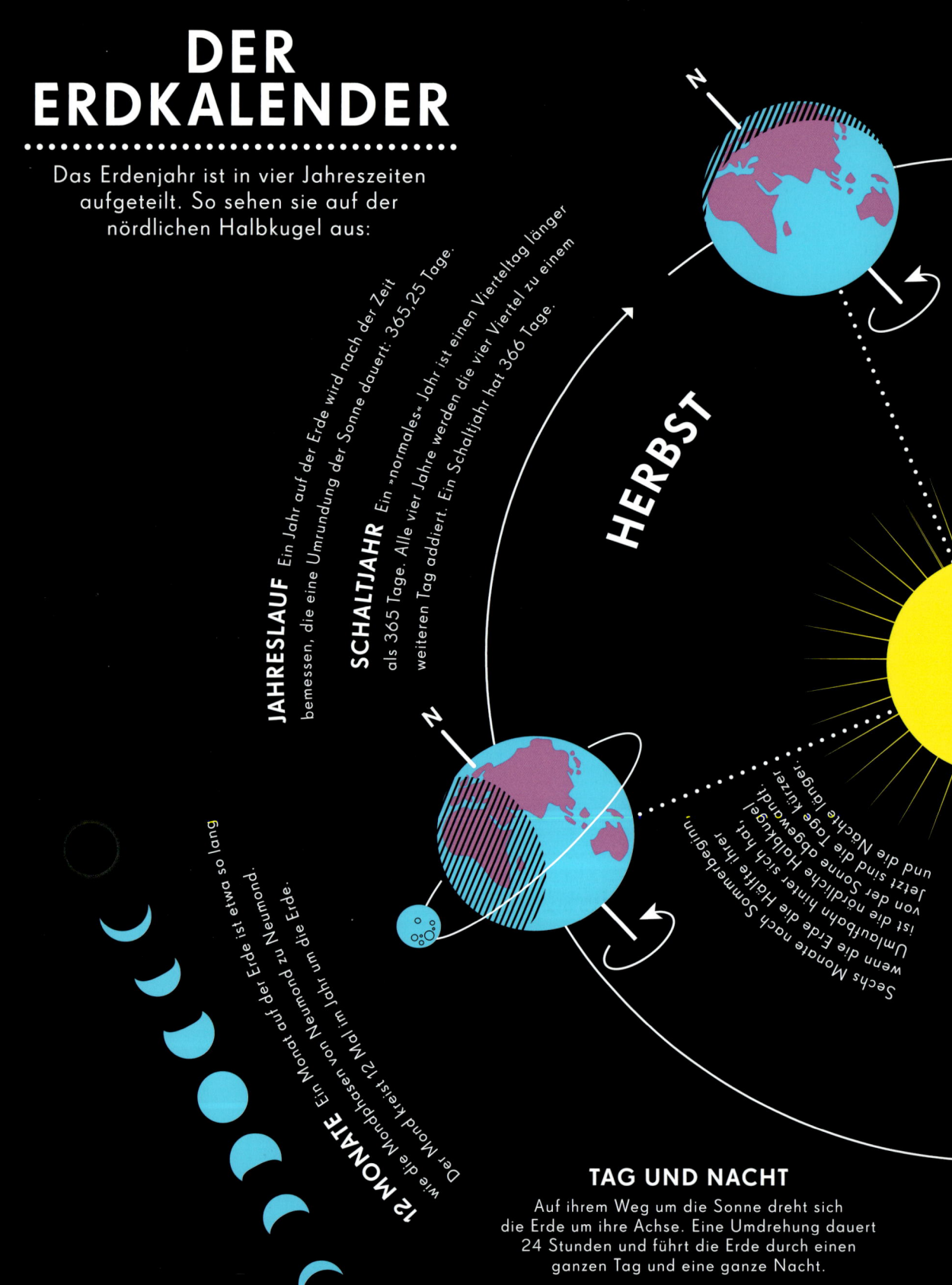

JAHRESLAUF Ein Jahr auf der Erde wird nach der Zeit bemessen, die eine Umrundung der Sonne dauert: 365,25 Tage.

SCHALTJAHR Ein »normales« Jahr ist einen Vierteltag länger als 365 Tage. Alle vier Jahre werden die vier Viertel zu einem weiteren Tag addiert. Ein Schaltjahr hat 366 Tage.

HERBST

Sechs Monate nach Sommerbeginn, wenn die Erde auf der Hälfte ihrer Umlaufbahn hinter sich hat, ist die nördliche Halbkugel von der Sonne abgewandt. Jetzt sind die Tage kürzer und die Nächte länger.

12 MONATE Ein Monat auf der Erde ist etwa so lang wie die Mondphasen von Neumond zu Neumond. Der Mond kreist 12 Mal im Jahr um die Erde.

TAG UND NACHT

Auf ihrem Weg um die Sonne dreht sich die Erde um ihre Achse. Eine Umdrehung dauert 24 Stunden und führt die Erde durch einen ganzen Tag und eine ganze Nacht.

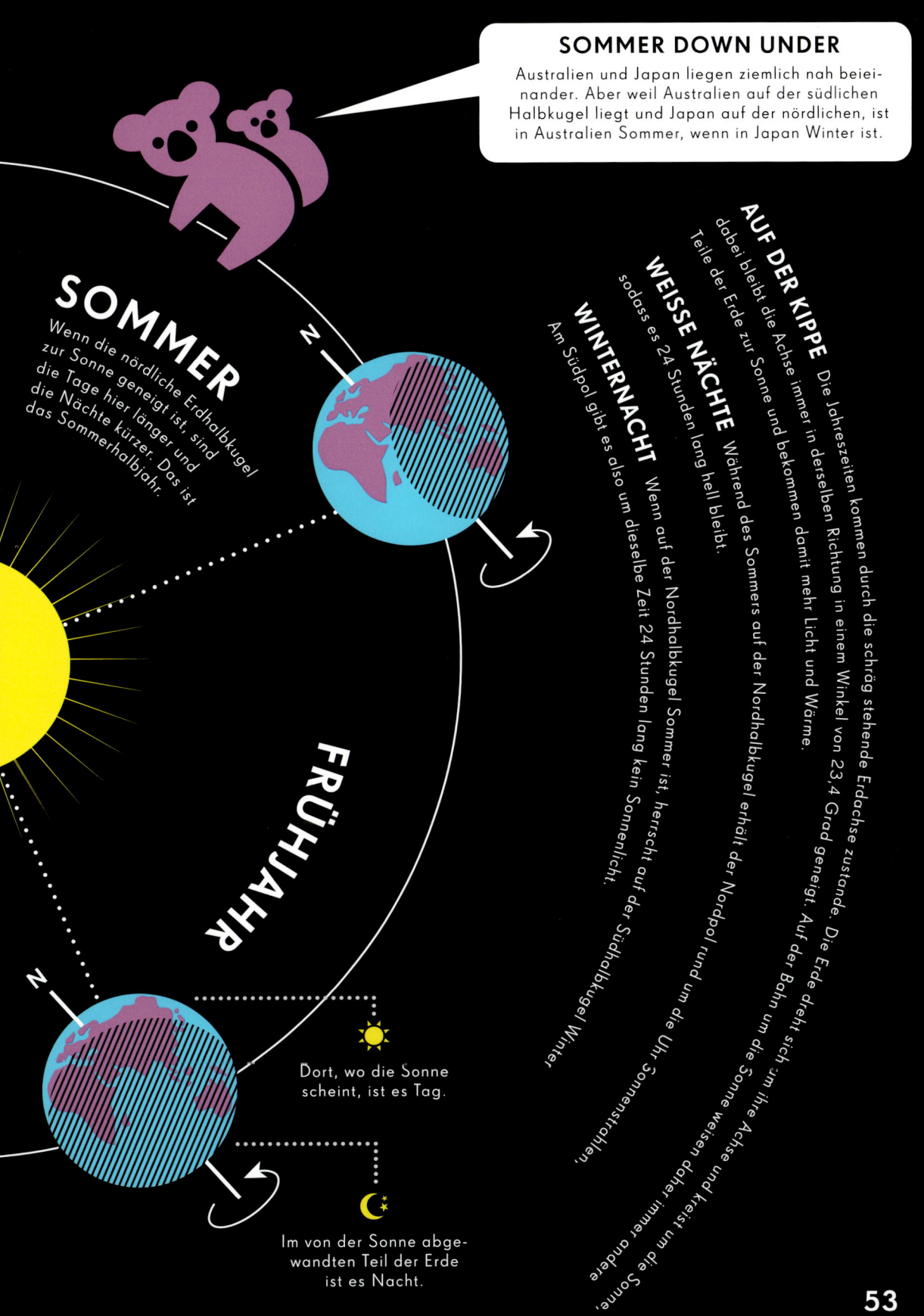

SOMMER DOWN UNDER

Australien und Japan liegen ziemlich nah beeinander. Aber weil Australien auf der südlichen Halbkugel liegt und Japan auf der nördlichen, ist in Australien Sommer, wenn in Japan Winter ist.

SOMMER

Wenn die nördliche Erdhalbkugel zur Sonne geneigt ist, sind die Tage hier länger und die Nächte kürzer. Das ist das Sommerhalbjahr.

AUF DER KIPPE Die Jahreszeiten kommen durch die schräg stehende Erdachse zustande. Die Erde ist dabei bleibt die Achse immer in derselben Richtung in einem Winkel von 23,4 Grad geneigt. Auf der Bahn um die Sonne weisen daher immer andere Teile der Erde zur Sonne und bekommen damit mehr Licht und Wärme.

WEISSE NÄCHTE Während des Sommers auf der Nordhalbkugel erhält der Nordpol rund um die Uhr Sonnenstrahlen, sodass es 24 Stunden lang hell bleibt.

WINTERNACHT Wenn auf der Nordhalbkugel Sommer ist, herrscht auf der Südhalbkugel Winter. Am Südpol gibt es also um diese Zeit 24 Stunden lang kein Sonnenlicht.

Die Erde dreht sich um ihre Achse und kreist um die Sonne.

FRÜHJAHR

Dort, wo die Sonne scheint, ist es Tag.

Im von der Sonne abgewandten Teil der Erde ist es Nacht.

53

DER MOND

Der Mond ist der einzige Himmelskörper außer der Erde, den der Mensch
je betreten hat.

HOLPRIGER START

Forscher vermuten, dass der Mond
entstand, als ein Objekt von der Größe
des Mars vor 4,5 Milliarden Jahren
mit der Erde kollidierte.

WOLKENHIMMEL

Durch die Kollision gelangten ungeheure Mengen Staub und Geröll ins
Weltall, die dann um die Erde zu
kreisen begannen.

STAUBSAUGER

Die Anziehungskraft der Erde führte
dazu, dass die Fragmente um die
Erde kreisten und sich schließlich zum
Mond verbanden.

MONDGESICHT

Der Mond kreist im Laufe von 27,3
Tagen einmal um die Erde. In derselben Zeit dreht er sich um seine Achse.
Darum sehen wir den Mond immer von
derselben Seite.

MONDLICHT

Der Mond leuchtet nicht selbst, sondern reflektiert das Sonnenlicht.

MONDPHASEN

Die verschiedenen Stadien des Mondes werden danach benannt, wie viel von ihm sichtbar ist.

SONNENSEITE

Während der Mond seine Bahnen um die Erde zieht, wirft er das Sonnenlicht auf die Seite der Erde, die der Sonne zugewandt ist.

Neumond

letztes
Viertel

erstes
Viertel

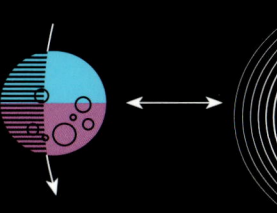

abnehmender
Halbmond

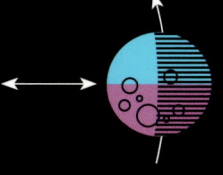

zunehmender
Halbmond

drittes
Viertel

zweites
Viertel

Vollmond

GEZEITEN

Die Schwerkraft des Mondes zieht das Wasser auf der Erde an. Sie sorgt damit für Ebbe und Flut.

LEGENDE

Von der Erde
abgewandt

Von der Sonne
abgewandt

Von der Sonne
beleuchtet

55

FINSTERNISSE

Die Sonne ist ungefähr 400 Mal weiter
von der Erde entfernt als der Mond.
Sie hat außerdem in etwa den
400-fachen Durchmesser des Mondes.
Darum erscheinen uns von der Erde
aus gesehen Mond und Sonne
fast gleich groß.

MONDUMLAUFBAHN

PARTIELLE SONNEN-FINSTERNIS

TOTALE SONNEN-FINSTERNIS

So sieht die Sonne von der Erde aus.

SCHATTEN

Bei einem bestimmten
Stand der Himmels-
körper kann der Mond
verhindern, dass
Sonnenlicht die Erde
erreicht, oder aber die
Erde lässt kein Sonnen-
licht zum Mond gelan-
gen. Das bezeichnet
man als Finsternis.

SONNENFINSTERNIS

Zu einer totalen Sonnenfinsternis
kommt es, wenn der Mond zwischen
Erde und Sonne steht und dadurch alle
Sonnenstrahlen von der Erde fern-
hält. Die Sonne wird dann vollständig
unsichtbar, nur ihre glühende Atmosphäre, die Korona, ist erkennbar und
sieht aus wie ein Heiligenschein um
den Mond. Auf der Erde wird es für ein
paar Minuten dunkel.

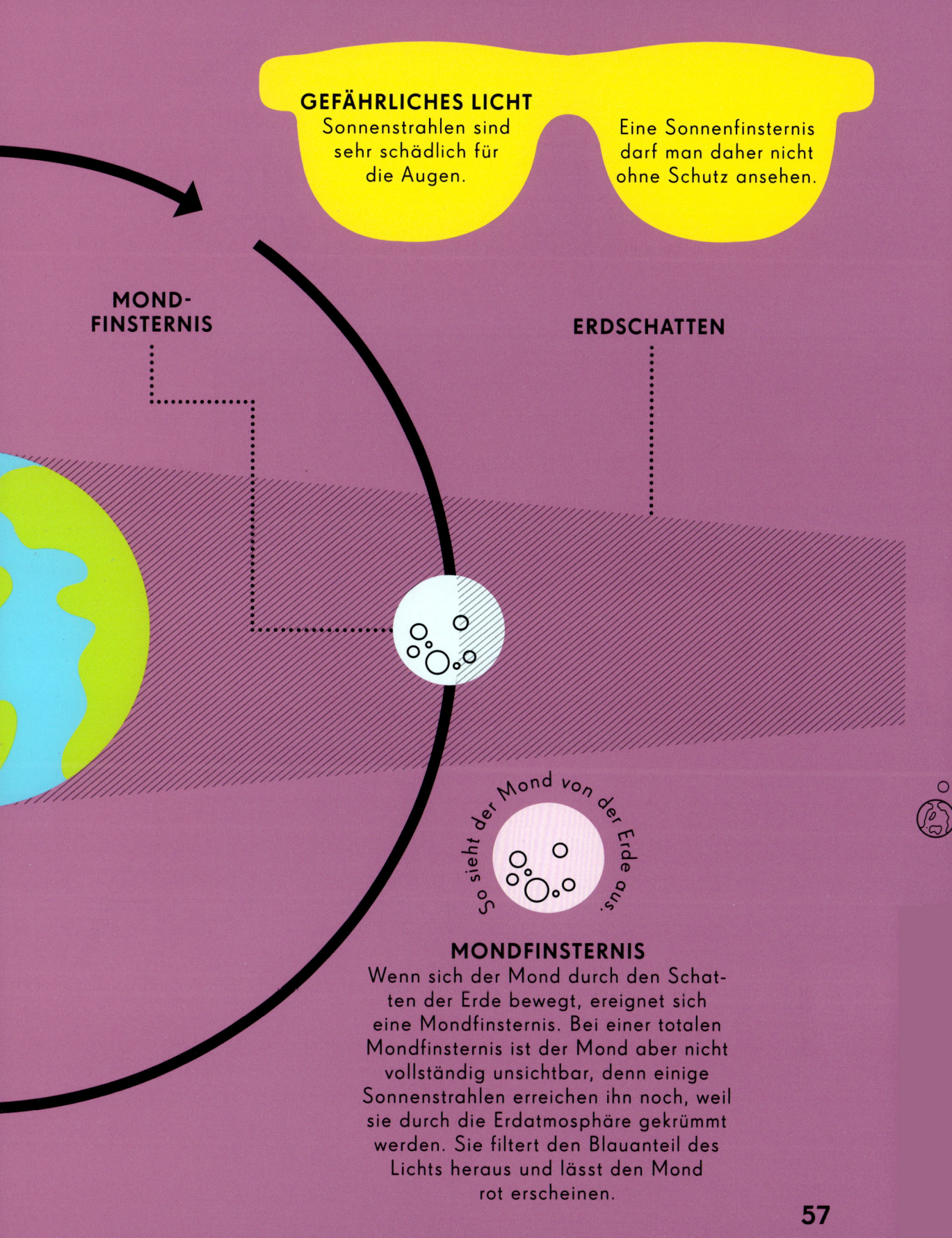

GEFÄHRLICHES LICHT
Sonnenstrahlen sind
sehr schädlich für
die Augen.

Eine Sonnenfinsternis
darf man daher nicht
ohne Schutz ansehen.

**MOND-
FINSTERNIS**

ERDSCHATTEN

So sieht der Mond von der Erde aus.

MONDFINSTERNIS
Wenn sich der Mond durch den Schat-
ten der Erde bewegt, ereignet sich
eine Mondfinsternis. Bei einer totalen
Mondfinsternis ist der Mond aber nicht
vollständig unsichtbar, denn einige
Sonnenstrahlen erreichen ihn noch, weil
sie durch die Erdatmosphäre gekrümmt
werden. Sie filtert den Blauanteil des
Lichts heraus und lässt den Mond
rot erscheinen.

DIE ERFORSCHUNG DES WELTRAUMS

Seitdem die Menschheit in den Sternenhimmel schaut, erforschen Astronomen und Physiker das Weltall, um das geheimnisvolle Uhrwerk des Universums zu verstehen. Die genaue Erforschung des Weltalls wurde durch die Erfindung des Fernrohrs möglich. Schon im 17. Jahrhundert nutzte Galileo Galilei ein optisches Teleskop, um die von Kopernikus entwickelte Theorie zu beweisen, dass sich die Sonne und nicht die Erde im Mittelpunkt des Sonnensystems befindet. Heute gibt es unterschiedliche Arten von Teleskopen zu verschiedenen Zwecken.

Jahrhundertelang war die Kenntnis der Sterne besonders wichtig für die Navigation. Auf der südlichen Erdhalbkugel orientierten sich die Seefahrer am Kreuz des Südens, auf der nördlichen Halbkugel wies den Reisenden der Polarstern den Weg.

Um den Sternen näherzukommen und weiter in unsere Galaxie vorzudringen, schicken Wissenschaftler Sonden und Landungsfahrzeuge zu anderen Planeten. So ist es möglich, auf der Erde Informationen direkt von den Himmelskörpern zu erhalten.

Astronomen, Physiker und andere Wissenschaftler schaffen ein atemberaubendes Bild vom Weltall. Vielleicht entdecken sie eines Tages, dass wir nicht allein sind …

BERÜHMTE ASTRONOMEN

NIKOLAUS KOPERNIKUS
Thorn, Polen (1473–1543)
»Vater der modernen Astronomie«

Optische Teleskope können bei schlechten Wetterbedingungen nicht verwendet werden.

Kopernikus nannte sein Modell vom Universum »heliozentrisch«. Das bedeutet, dass die Sonne (griechisch *helios*) im Zentrum des Universums steht, nicht die Erde.

MODERNE OPTISCHE TELESKOPE

Blick auf ein entferntes Objekt

Dasselbe Objekt, durch ein Teleskop betrachtet

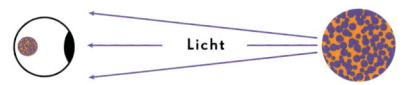

Optische Teleskope unterstützen das menschliche Auge und vergrößern alles, was im All sichtbar ist. Sie funktionieren wie eine Lupe:

Eine Linse oder ein Spiegel bündelt die Lichtstrahlen, eine weitere Linse zerstreut sie wieder und lässt das Objekt dadurch größer erscheinen.

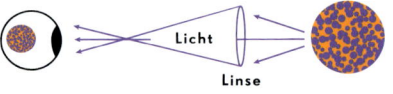

Pisa, Italien (1564–1642)
GALILEO GALILEI
»Vater der modernen Naturwissenschaft«

Galilei benutzte ein optisches Teleskop zur Betrachtung der Planeten. Er vertrat Kopernikus' heliozentrisches Weltbild und entdeckte die vier größten Jupitermonde sowie die Ringe des Saturn.

Lincolnshire, England (1643–1727)
ISAAC NEWTON

Missouri, USA
(1889–1953)
EDWIN HUBBLE

Hubble entwickelte die Theorie von der Expansion (Audehnung) des Universums. Er stellte außerdem fest, dass sich Galaxien umso schneller von der Milchstraße entfernen, je weiter sie von ihr entfernt sind.

Oxford, England
(geb. 1942)
STEPHEN HAWKING

Newton war ein viel beschäftigter Mann. Er erfand das Spiegelteleskop, indem er Spiegel statt Linsen verwendete. Er formulierte die Gesetze der Bewegung – Trägheit, Beschleunigung und Aktion/Reaktion –, und außerdem entdeckte er das Gesetz der Schwerkraft.

Hawking ist der vielleicht berühmteste Physiker aller Zeiten. Seine Forschungen zu den Schwarzen Löchern und der Entstehung des Universums sind bahnbrechend.

STERNEN-FORSCHUNG

Durch Teleskope können wir den Aufbau und die Entwicklung des Universums besser verstehen. Große und stark vergrößernde Teleskope erlauben unglaubliche Ausblicke. Einige werden ins All geschossen und senden Informationen zur Erde.

RÖNTGENTELESKOPE

Diese Teleskope erfassen die Röntgenstrahlen, die von der Sonne, den Sternen und von Supernovas ausgehen. Sie werden in großer Entfernung von der Erde verwendet, wo die Atmosphäre dünner ist.

1999 wurde »Chandra« in die Umlaufbahn gebracht. Der Satellit enthält das stärkste Röntgenteleskop.

HUBBLE-WELTRAUMTELESKOP

Das nach Edwin Hubble benannte Teleskop wurde 1990 ins All geschickt. Es war das erste große optische Teleskop, das außerhalb der Erdatmosphäre ausgesetzt wurde, um möglichst klare Bilder zu liefern.

Hubble ist so groß wie ein Schulbus und wiegt so viel wie zwei ausgewachsene Elefanten.

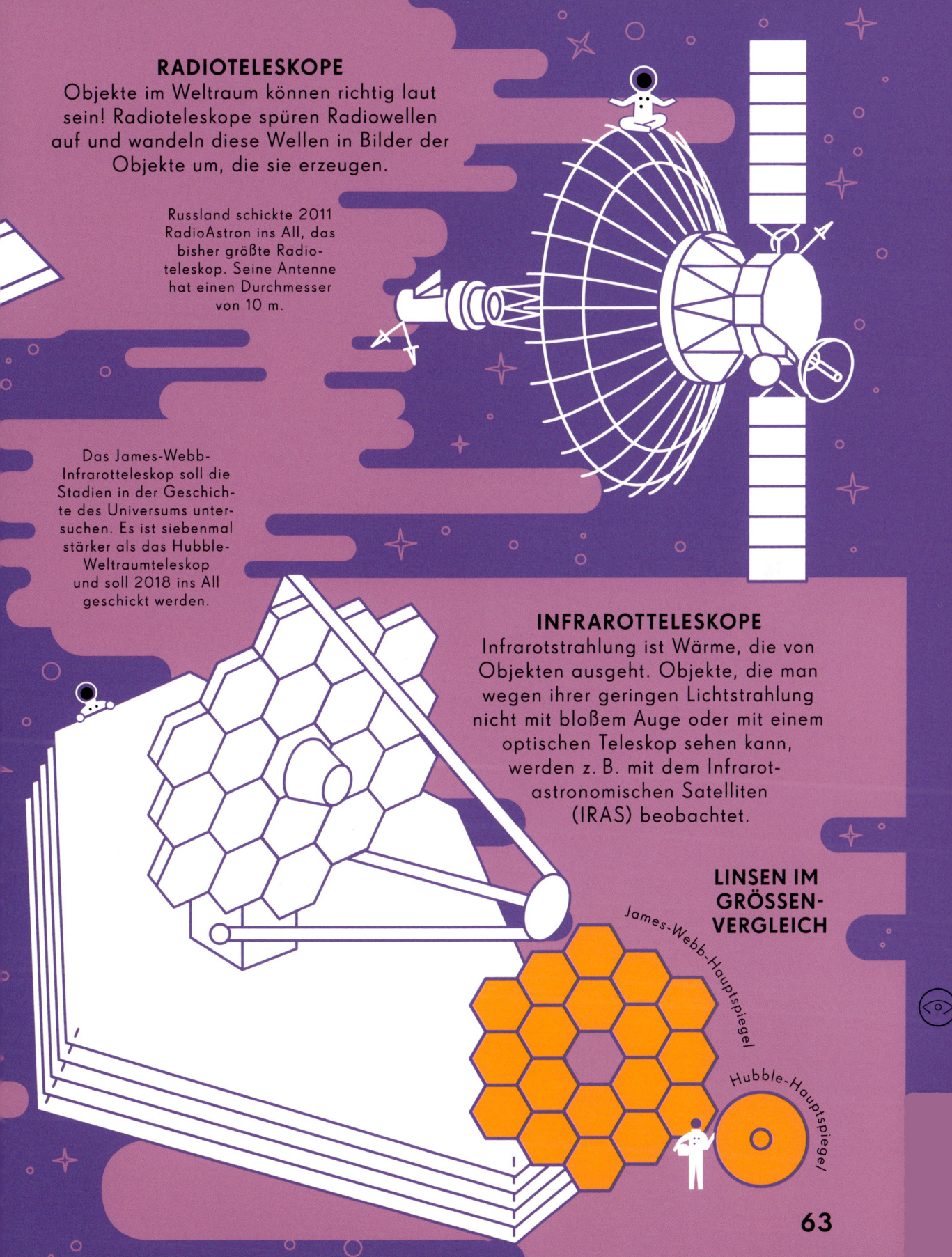

RADIOTELESKOPE

Objekte im Weltraum können richtig laut sein! Radioteleskope spüren Radiowellen auf und wandeln diese Wellen in Bilder der Objekte um, die sie erzeugen.

Russland schickte 2011 RadioAstron ins All, das bisher größte Radioteleskop. Seine Antenne hat einen Durchmesser von 10 m.

Das James-Webb-Infrarotteleskop soll die Stadien in der Geschichte des Universums untersuchen. Es ist siebenmal stärker als das Hubble-Weltraumteleskop und soll 2018 ins All geschickt werden.

INFRAROTTELESKOPE

Infrarotstrahlung ist Wärme, die von Objekten ausgeht. Objekte, die man wegen ihrer geringen Lichtstrahlung nicht mit bloßem Auge oder mit einem optischen Teleskop sehen kann, werden z. B. mit dem Infrarot-astronomischen Satelliten (IRAS) beobachtet.

LINSEN IM GRÖSSEN-VERGLEICH

James-Webb-Hauptspiegel

Hubble-Hauptspiegel

63

STERNBILDER ALS ORIENTIERUNGSHILFE

Seit Tausenden von Jahren navigieren Seefahrer mithilfe der Sterne, denn Sternbilder sind verlässliche Orientierungspunkte. Sie verändern sich nur sehr langsam im Lauf vieler Jahrtausende, und ihre Position am Himmel hilft bei der Orts- und Zeitbestimmung.

SÜDLICHE HEMISPHÄRE

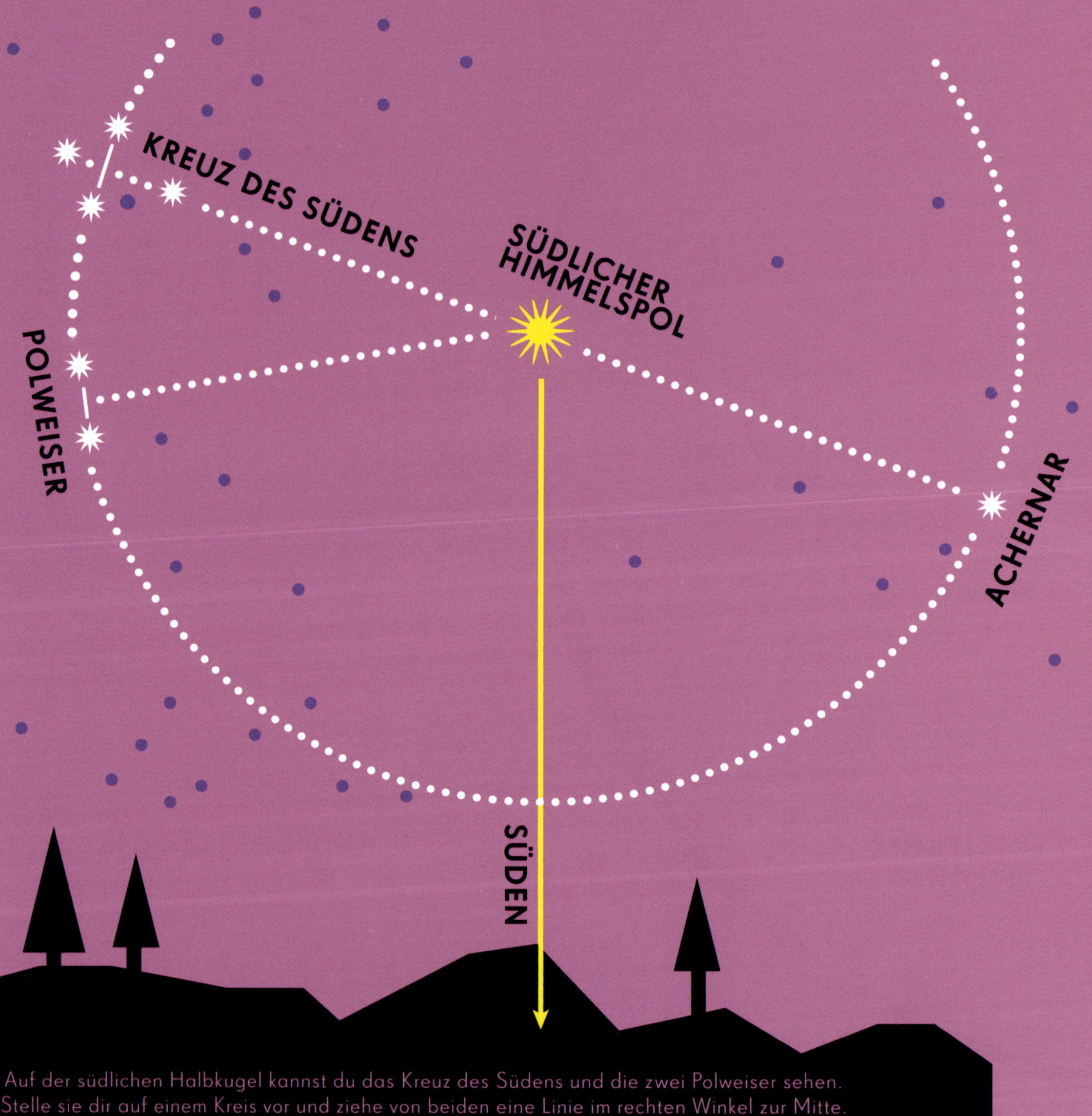

KREUZ DES SÜDENS

SÜDLICHER HIMMELSPOL

POLWEISER

ACHERNAR

SÜDEN

Auf der südlichen Halbkugel kannst du das Kreuz des Südens und die zwei Polweiser sehen. Stelle sie dir auf einem Kreis vor und ziehe von beiden eine Linie im rechten Winkel zur Mitte. Lotrecht unter ihrem Schnittpunkt befindet sich der geografische Südpol.

GROSSER WAGEN

7 helle Sterne bilden die Form eines Handwagens. Mit weiteren Sternen formt er das Sternbild Großer Bär.

KLEINER WAGEN

Den Griff der Deichsel bildet der Polarstern, zugleich der hellste Stern im Kleinen Bären (Kleinen Wagen).

KASSIOPEIA

Das Sternbild ist nach einer eitlen Königin aus den griechischen Sagen benannt. Sie sitzt kopfüber auf ihrem Thron, ihr Kopf weist zum Polarstern.

NÖRDLICHE HEMISPHÄRE

KLEINER WAGEN

POLARSTERN

KASSIOPEIA

GROSSER WAGEN

GROSSER BÄR

NORDEN

Der Polar- oder Nordstern ist der hellste sichtbare Stern am nördlichen Nachthimmel. Er steht direkt über dem Nordpol. Wenn du eine senkrechte Linie zum Horizont ziehst, findest du den geografischen Norden.

ROVER UND RAUMSONDEN

Raumsonden sind unbemannt. Entweder fliegen sie an Planeten vorbei oder umrunden sie auf einer Umlaufbahn und machen Aufnahmen, oder sie landen auf anderen Planeten und nehmen Bodenproben. Anhand dieser Proben können Wissenschaftler auf der Erde Informationen z. B. über das Wetter und die Schwerkraft dort sammeln.

Auch **Rover** sind automatisch arbeitende Sonden. Sie landen zur Erkundung auf Planeten und nehmen Bilder auf. Anders als Raumsonden können sie auf der Oberfläche fahren.

Vier Rover sind schon auf dem Mars gelandet. Schau, wie weit sie gekommen sind!

SOJOURNER
1997
100 m

SPIRIT
2004–2011
7,7 km

CURIOSITY
2012 – heute
7 km

OPPORTUNITY
2004 – heute
40 km

Die erste Raumsonde hieß »Sputnik 1«. Sie startete am 4. Oktober 1957 ins All und beobachtete von dort die Erde.

»Voyager 1« wurde 1977 gestartet und gelangte weiter als irgendein anderer Flugkörper. Im September 2014 war die Sonde 19,3 Milliarden km von der Sonne entfernt.

SIND WIR ALLEIN?

Einige Wissenschaftler nehmen an, dass das Leben vom Mars auf die Erde gekommen ist. Für die Entstehung des Lebens spielt das Element Molybdän eine große Rolle, das auf dem Mars vermutlich eher wirken konnte als auf der Erde. Vielleicht sind Molybdänoxide durch Meteore auf die Erde gekommen. Dann wären wir alle Marsianer ...

RAUMFAHRT

Der menschliche Forschergeist und seine Entdecker-
freude haben zu unglaublichen Fortschritten in der
Raumfahrttechnik geführt. Seit dem ersten Flug ins
Weltall, bei dem Juri Gagarin 1961 in eine Umlaufbahn um die Erde gelangte, und dem Start der
ersten bemannten Raumstation, der ISS, 1988 hat
die Erkundung des Weltraums immer neue Entdeckungen hervorgebracht.

Folge der Spur der »Apollo 11«, die 1969 auf dem
Mond landete, und fliege im Raumschiff davon –
aber vergiss nicht den Astronautenanzug, sonst
überlebst du nicht lange!

Auch eine Reihe von Tieren ist schon in den Weltraum
geschossen worden. Die ersten waren Fruchtfliegen,
mit denen 1947 die Wirkung von Strahlung in großer
Höhe gemessen wurde. Hunde, Katzen, Affen und
sogar Spinnen haben ihren Teil zur Erforschung des
Unbekannten beigetragen.

Wusstest du, dass die Besatzung der ISS sechs bis
zwölf Monate ohne Unterbrechung im All bleibt? Die
Astronauten erleben täglich mehrere Sonnenauf- und
untergänge, denn die Raumstation fliegt ständig um
die Erde!

DER GROSSE SCHRITT

»Apollo 11« war die erste Raumfahrtmission, bei der Menschen auf dem Mond landeten. Das war 1969. Neil Armstrong und Buzz Aldrin verbrachten 21 Stunden auf der Mondoberfläche. Sie führten Experimente durch, machten Fotos und nahmen Proben. Ihr Kollege Michael Collins blieb währenddessen in der Umlaufbahn des Mondes.

SATURN V

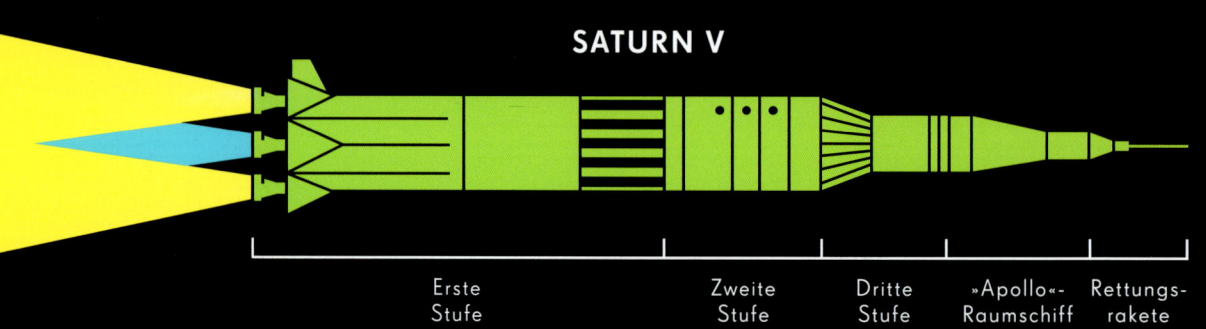

| Erste Stufe | Zweite Stufe | Dritte Stufe | »Apollo«-Raumschiff | Rettungsrakete |

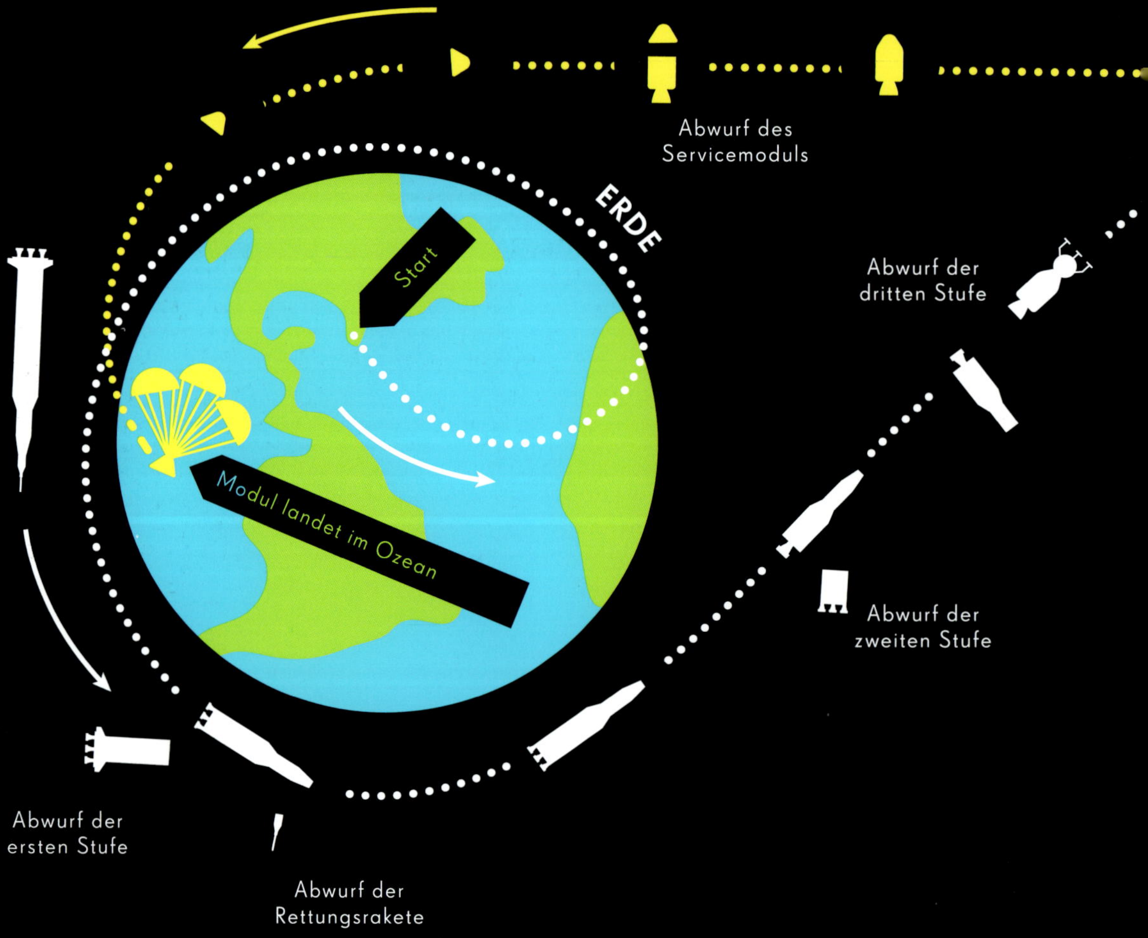

Abwurf des Servicemoduls

ERDE

Abwurf der dritten Stufe

Start

Modul landet im Ozean

Abwurf der zweiten Stufe

Abwurf der ersten Stufe

Abwurf der Rettungsrakete

REISE ZUM MOND

Die drei Astronauten gelangten mit dem Kommandomodul in die Mondumlaufbahn. Dort löste sich die Mondlandefähre »Eagle« mit Armstrong und Aldrin an Bord. Das Kommandomodul blieb unter Führung von Michael Collins in der Umlaufbahn.

Mondlandefähre kehrt zum Kommandomodul zurück.

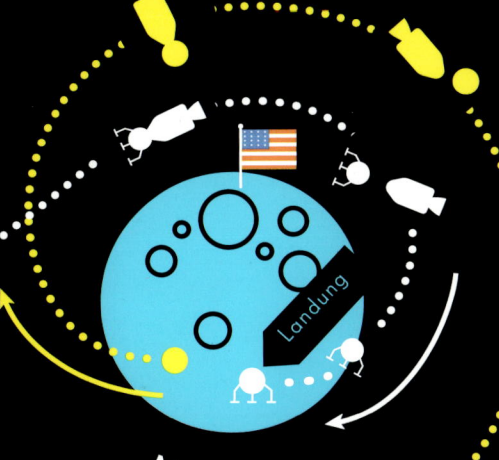

MOND

Landung

»Apollo« auf dem Weg zum Mond

Abwurf der Mond-landefähre

»APOLLO«-KOMMANDO-MODUL

Das Servicemodul wird kurz vor dem Wiedereintritt in die Erdatmosphäre abgeworfen. Die Astronauten kehren im Kommandomodul (Landekapsel) sicher zur Erde zurück.

Kommando-modul

Service-modul

MOND-LANDEFÄHRE

Die Aufstiegsstufe löst sich ab und bringt die Astronauten zum Kommandomodul zurück, bevor es abgeworfen wird.

Die Abstiegsstufe bleibt auf dem Mond.

Aufstiegs-stufe

Abstiegsstufe

AUFBRUCH INS ALL

Raketen sind Motoren, die Sonden, Satelliten und Raumfähren ins All transportieren. Raumfähren können wie Flugzeuge auf der Erde landen und sind daher mehrfach verwendbar.

START
Die Feststoffraketen und die Haupttriebwerke der Raumfähre erzeugen genug Schub, um abzuheben.

RAKETEN-ABWURF
Der Treibstoff der Feststoffraketen reicht für 2 Minuten, dann werden sie abgeworfen.

RAKETEN-RECYCLING
Die Hilfsraketen werden aus dem Meer geholt, damit sie wiederverwendet werden können.

RAKETENTRIEBWERKE

HAUPTTRIEBWERKE

FESTSTOFF-RAKETEN

ORBITER
Wiederverwendbare Raumfähre für den Transport von Astronauten und Fracht.

KABINE
Platz für bis zu 7 Besatzungsmitglieder

Zwei Feststoffraketen befinden sich seitlich des großen Tanks.

LANDUNG
Die Raumfähre setzt mit rund 340 km/h auf der Landebahn auf. Nach 20 Minuten ist sie abgekühlt, und die Besatzung kann gefahrlos aussteigen.

DEM ZIEL NAHE
Steuertriebwerke halten die Raumfähre in einem Winkel von 40 Grad.

KÜHLUNG
Die Raumfähre ist in Isolierkeramik gehüllt, um sie vor der entstehenden Hitze zu schützen.

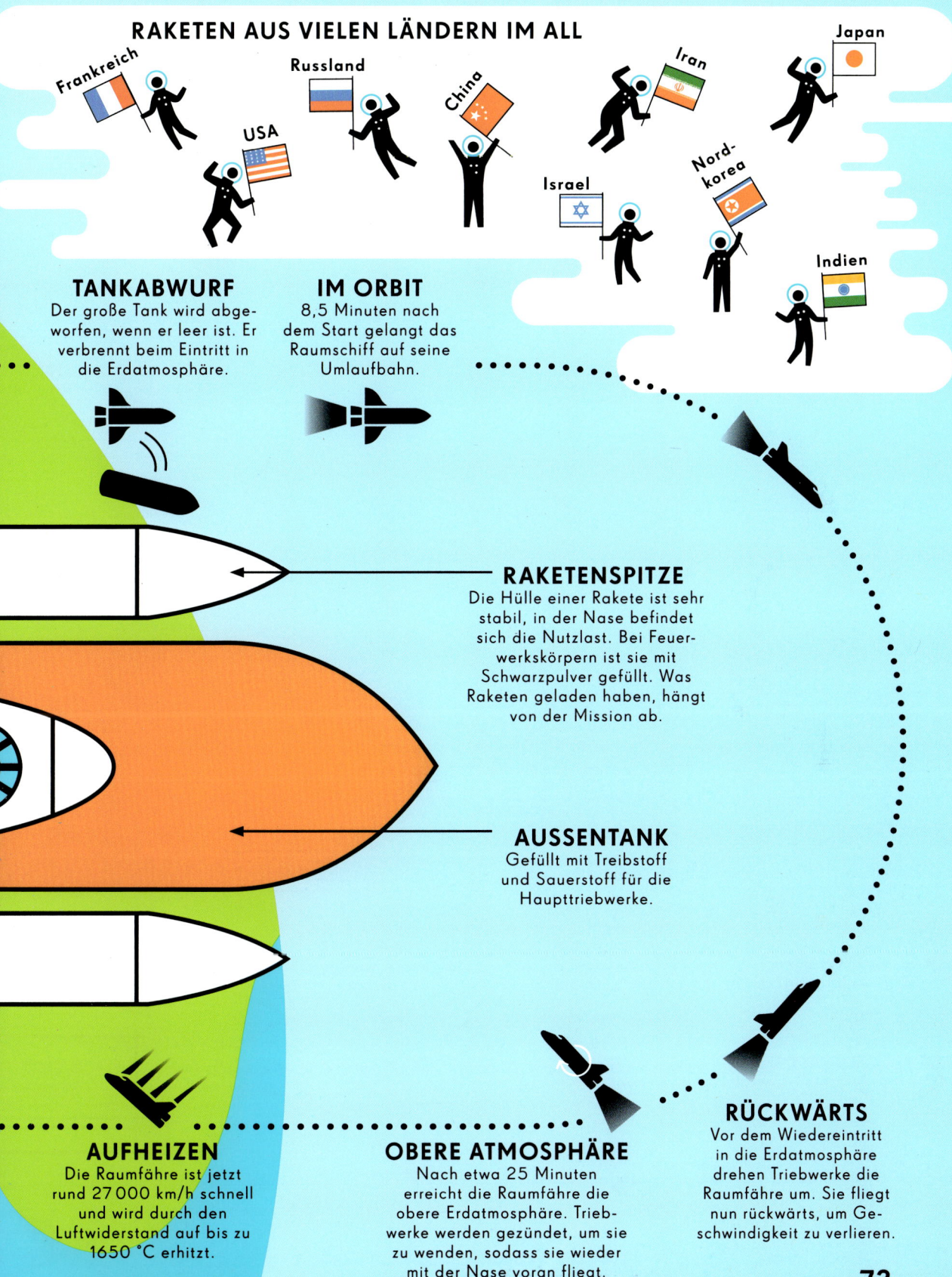

RAKETEN AUS VIELEN LÄNDERN IM ALL

Frankreich

USA

Russland

China

Iran

Israel

Nord-korea

Japan

Indien

TANKABWURF
Der große Tank wird abge-worfen, wenn er leer ist. Er verbrennt beim Eintritt in die Erdatmosphäre.

IM ORBIT
8,5 Minuten nach dem Start gelangt das Raumschiff auf seine Umlaufbahn.

RAKETENSPITZE
Die Hülle einer Rakete ist sehr stabil, in der Nase befindet sich die Nutzlast. Bei Feuer-werkskörpern ist sie mit Schwarzpulver gefüllt. Was Raketen geladen haben, hängt von der Mission ab.

AUSSENTANK
Gefüllt mit Treibstoff und Sauerstoff für die Haupttriebwerke.

AUFHEIZEN
Die Raumfähre ist jetzt rund 27 000 km/h schnell und wird durch den Luftwiderstand auf bis zu 1650 °C erhitzt.

OBERE ATMOSPHÄRE
Nach etwa 25 Minuten erreicht die Raumfähre die obere Erdatmosphäre. Trieb-werke werden gezündet, um sie zu wenden, sodass sie wieder mit der Nase voran fliegt.

RÜCKWÄRTS
Vor dem Wiedereintritt in die Erdatmosphäre drehen Triebwerke die Raumfähre um. Sie fliegt nun rückwärts, um Ge-schwindigkeit zu verlieren.

ÜBERLEBEN IM ALL

Ein Raumanzug ist wie ein privates Raumschiff. Er besteht aus vielen Einzelteilen und schützt die Astronauten vor den gefährlichen Bedingungen im All.

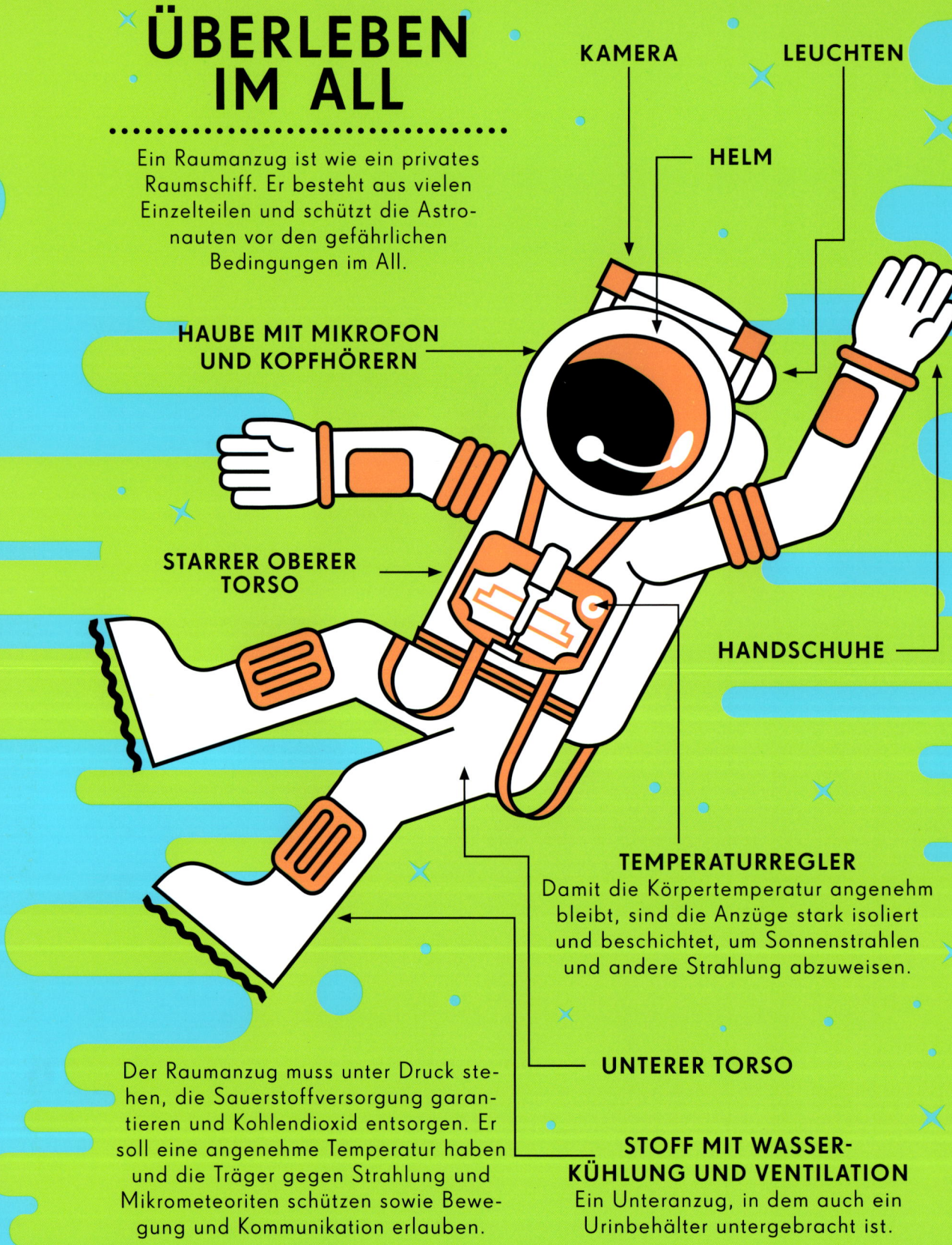

KAMERA

LEUCHTEN

HELM

HAUBE MIT MIKROFON UND KOPFHÖRERN

STARRER OBERER TORSO

HANDSCHUHE

TEMPERATURREGLER
Damit die Körpertemperatur angenehm bleibt, sind die Anzüge stark isoliert und beschichtet, um Sonnenstrahlen und andere Strahlung abzuweisen.

UNTERER TORSO

Der Raumanzug muss unter Druck stehen, die Sauerstoffversorgung garantieren und Kohlendioxid entsorgen. Er soll eine angenehme Temperatur haben und die Träger gegen Strahlung und Mikrometeoriten schützen sowie Bewegung und Kommunikation erlauben.

STOFF MIT WASSER-KÜHLUNG UND VENTILATION
Ein Unteranzug, in dem auch ein Urinbehälter untergebracht ist.

NABELSCHNUR

Für die Sauerstoffzufuhr sind die Anzüge entweder über einen Schlauch mit dem Raumschiff verbunden, oder die Astronauten tragen ein Sauerstoffgerät. Im Raumschiff gibt es »normale« Luft, in den Raumanzügen reinen Sauerstoff, um Blut und Lungen gut zu versorgen.

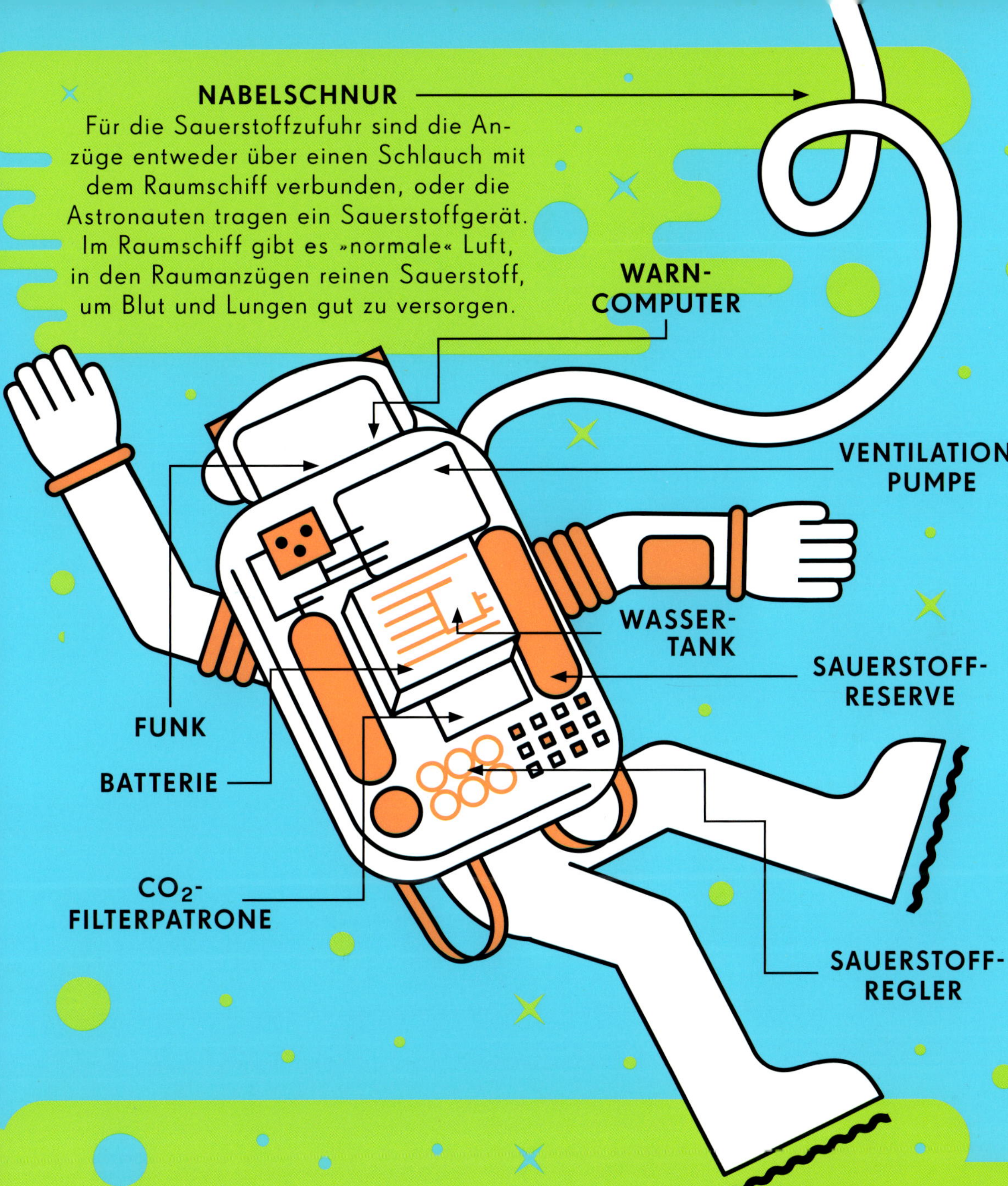

WARN-COMPUTER

VENTILATION/ PUMPE

WASSER-TANK

SAUERSTOFF-RESERVE

FUNK

BATTERIE

CO$_2$-FILTERPATRONE

SAUERSTOFF-REGLER

Wenn sich Astronauten im All bewegen, scheinen sie zu schweben, denn je weiter sie von der Erde entfernt sind, desto geringer wirkt sich die Schwerkraft auf sie aus. Die Körpermasse ist dieselbe wie auf der Erde, dennoch ist sie abhängig von der Anziehungskraft leichter.

Schwerelosigkeit fühlt sich ungefähr so an wie der Moment, in dem man kurz über dem Sitz schwebt, wenn die Achterbahn bergab saust. Die Astronauten im All fallen auch tatsächlich Richtung Erde, aber durch die Geschwindigkeit des Raumschiffs bleiben sie auf der Umlaufbahn.

TIERE UND ASTRONAUTEN

FEBRUAR 1947
Die ersten Tiere, die ins All geschickt wurden, waren **Fruchtfliegen**. An ihnen sollte die Auswirkung der Strahlung in großer Höhe erforscht werden.

JUNI 1948
Albert I. war ein **Rhesusaffe** und das erste Säugetier im All.

SEPTEMBER 1951
Der **Affe** Yorick kehrt zusammen mit 11 **Mäusen** wohlbehalten von einem Ausflug ins All zurück.

JANUAR 1961
Der **Schimpanse** Ham war darauf trainiert, bestimmte Hebel zu bewegen, damit er sich auf seinem Flug ins All mit Bananen versorgen konnte.

APRIL 1961
Der sowjetische Kosmonaut **Juri Gagarin** war der erste Mensch im All. Er umrundete die Erde in 108 Minuten.

MAI 1961
Alan B. Shepard war der erste US-Amerikaner im All.

JULI 1969
Neil Armstrong war der erste Mensch auf dem Mond, direkt gefolgt von **Buzz Aldrin**.

NOVEMBER 1970
Zwei **Ochsenfrösche** wurden auf eine Mission geschickt, um an ihnen die Auswirkungen lange andauernder Schwerelosigkeit zu studieren. Sie starben.

JULI 1973
Anhand der beiden **Kreuzspinnen** Arabella und Anita wollte man herausfinden, ob ein Flug um die Erde die Fähigkeit der Tiere beeinflusst, Netze zu spinnen.

JULI 1959

Eine sowjetische Rakete brachte zwei **Hunde** und den **Hasen** Marfusa 212 km weit ins All.

AUGUST 1960

Die **Hunde** Belka und Strelka wurden von der Sowjetunion ins All geschossen. Sie waren die ersten Tiere, die lebendig zurückkehrten.

OKTOBER 1960

Die USA schickten die **Mäuse** Sally, Amy und Moe 1000 km weit ins All.

JUNI 1963

Die sowjetische Kosmonautin **Valentina Tereschkowa** war die erste Frau im All.

OKTOBER 1963

Die erste **Katze** im All kam aus Frankreich. Félicette war mit Elektroden unter der Haut versehen, um ihren Zustand zu dokumentieren.

FEBRUAR 1966

Die russischen **Hunde** Weterok und Ugoljok umkreisten die Erde 22 Tage lang. Ihr Rekord für den längsten Hundeflug im All besteht bis heute.

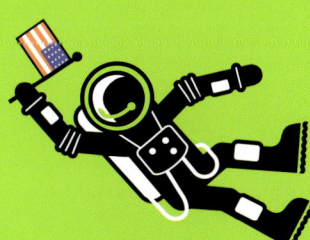

JUNI 1983

Sally Ride war die erste US-amerikanische Frau im All.

JULI 1985

Die Gliedmaßen von **Molchen** können nachwachsen. Darum schickten Wissenschaftler sie ins All, um das Wachstum unter diesen Bedingungen zu beobachten.

SEPTEMBER 2007

Die mikroskopisch kleinen **Bärtierchen** sind besonders widerstandsfähig. Sie überlebten 10 Tage im offenen Weltraum.

ALLTAG IM WELTRAUM

Die internationale Besatzung bleibt 6–12 Monate an Bord.

Die Internationale Raumstation ISS ist ein Forschungslabor, das in etwa 400 km Entfernung um die Erde kreist. Es ist etwa drei Viertel so groß wie ein Fußballfeld und besteht aus vielen Modulen.

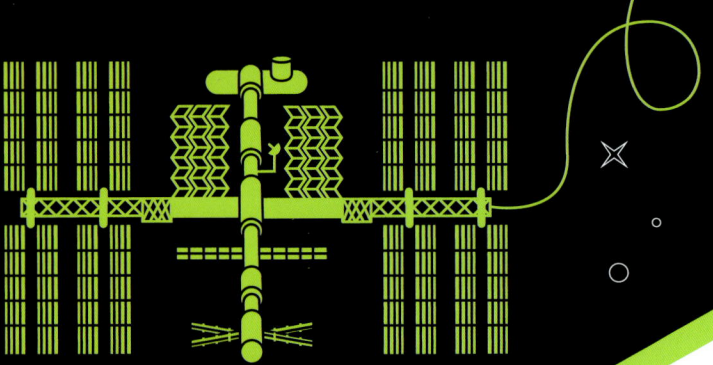

SCHLAFEN

An den Wänden der kleinen Einzelkabinen sind Schlafsäcke befestigt. Wegen der Schwerelosigkeit kann die Besatzung im Stehen schlafen!

Mehrmals am Tag sieht die Besatzung der ISS den Sonnenuntergang.

HARTE ARBEIT

Die Astronauten führen wissenschaftliche Untersuchungen und medizinische Tests zum Leben in der Schwerelosigkeit durch.

Sie müssen aber auch aufräumen und putzen!

In ihrer Freizeit lesen die Astronauten, sie sehen sich Filme an, spielen Karten oder am Computer, machen Musik oder unterhalten sich mit ihren Freunden und Familien.

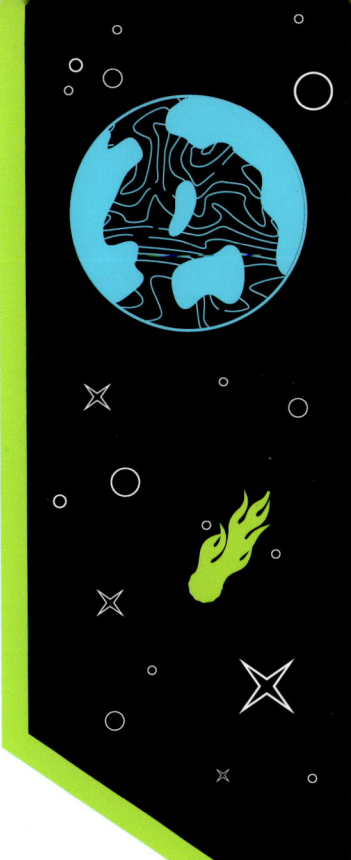

Sie können auch aus dem Fenster schauen und das Panorama mit der Erdkugel bewundern.

TRAINING

In der ISS ist alles fast schwerelos, auch die Menschen. Damit ihre Muskeln und Knochen nicht schwächer werden, müssen sie zwei Stunden am Tag trainieren.

SAUBER BLEIBEN

Es gibt keine Dusche, darum benutzt die Besatzung Shampoo, das man nicht ausspülen muss. Der Inhalt der Toilette wird wie im Flugzeug in einen Tank abgesaugt.

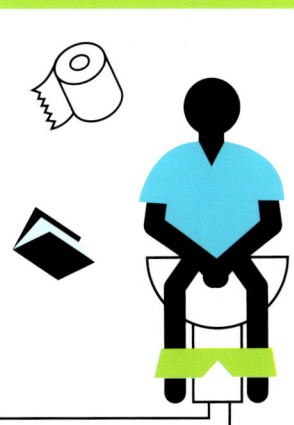

ESSEN UND TRINKEN

In der ISS gibt es vor allem Trockennahrung, der Wasser hinzugefügt werden muss. Es kommt aus einer Maschine, die Urin und Kondenswasser reinigt und wiederaufbereitet.

79

Titel der Originalausgabe: *Space*
Die englische Originalausgabe ist 2015
in Großbritannien und Australien bei Big
Picture Press erschienen, einem Imprint
von The Templar Company Limited.

Illustration Copyright © 2015 Jennifer
Daniel
Text Copyright © 2015 Simon Rogers
Design Copyright © 2015 The Templar
Company Limited

Deutsche Erstausgabe
Copyright © 2015 von dem Knesebeck
GmbH & Co. Verlag KG, München
Ein Unternehmen der La Martinière
Groupe

Umschlaggestaltung: Leonore Höfer,
Knesebeck Verlag
Übersetzung aus dem Englischen und
Satz: Textilien. Lektorat und Producing
Barbara Delius, Berlin
Lektorat: Bernhard Abend, München

Printed in China

ISBN 978-3-86873-803-2
Alle Rechte vorbehalten, auch auszugs-
weise.

www.knesebeck-verlag.de

Jennifer Daniels ist visuelle Journalistin bei der *New York Times* und erstellt Diagramme, baut interaktive Grafiken auf und illustriert alles Mögliche, darunter auch Hot Dogs, anthropomorphe Basketbälle und UFOs.

Simon Rogers war Entwicklungsredakteur von guardian.co.uk/data, der weltweit wohl bekanntesten Website für Datenjournalismus und Online-Datenquellen. Durch die Bereitstellung Hunderter von Rohdaten regt sie Nutzer zu Visualisierungen und Analysen an. Derzeit arbeitet Rogers als erster Datenredakteur bei Twitter in San Francisco.